Oficina de criação literária

como ensinar saberes e sabores
da leitura e da escrita

Simão de Miranda

Oficina de criação literária

*como ensinar saberes e sabores
da leitura e da escrita*

Coordenação	Ana Carolina Freitas
Capa	Fernando Cornacchia
Copidesque	Lúcia Helena Lahoz Morelli
Diagramação	DPG Editora
Revisão	Simone Ligabo

Dados Internacionais de Catalogação na Publicação (CIP)
(Câmara Brasileira do Livro, SP, Brasil)

Miranda, Simão de
  Oficina de criação literária: Como ensinar saberes e sabores da leitura e da escrita/Simão de Miranda. – Campinas, SP: Papirus, 2020.

Bibliografia
ISBN 978-65-5650-037-9

1. Desenvolvimento cultural 2. Educação – Finalidades e objetivos 3. Educação de crianças 4. Educação de jovens 5. Escrita – Estudo e ensino 6. Leitura – Estudo e ensino 7. Professores – Formação I. Título.

20-42611   CDD-370.1

Índice para catálogo sistemático:
1. Oficina de criação literária: Educação   370.1

Maria Alice Ferreira – Bibliotecária – CRB-8/7964

1ª Edição – 2020

Exceto no caso de citações, a grafia deste livro está atualizada segundo o Acordo Ortográfico da Língua Portuguesa adotado no Brasil a partir de 2009.

Proibida a reprodução total ou parcial da obra de acordo com a lei 9.610/98.
Editora afiliada à Associação Brasileira dos Direitos Reprográficos (ABDR).

DIREITOS RESERVADOS PARA A LÍNGUA PORTUGUESA:
© M.R. Cornacchia Editora Ltda. – Papirus Editora
R. Barata Ribeiro, 79, sala 316 – CEP 13023-030 – Vila Itapura
Fone: (19) 3790-1300 – Campinas – São Paulo – Brasil
E-mail: editora@papirus.com.br – www.papirus.com.br

Tudo está na palavra... Uma ideia inteira altera-se porque uma palavra mudou de lugar ou porque outra se sentou como um reizinho dentro de uma frase que não a esperava, mas que lhe obedeceu... Elas [as palavras] têm sombra, transparência, peso, penas, pelos, têm de tudo quanto se lhes foi agregando de tanto rolar pelo rio, de tanto transmigrar de pátria, de tanto serem raízes...

Pablo Neruda. *Confesso que vivi*.
Rio de Janeiro: Difel, 1978.

Sumário

Um livro para ensinar a escrever e a gostar de ler mundos
e textos como quem saboreia o prato mais gostoso 11

A tragédia social de uma nação que não se nutre de leitura 15

- Qualificações críticas e reflexivas dos processos
  de alfabetização e de letramentos 18
    Letramentos/letramentos múltiplos e multiletramentos 19

- Produção de projetos críticos e reflexivos de preparo
  e degustação de textos e de leitura nas escolas 21

O que e com que esta cozinha experimental alimenta 23

- Pressupostos teóricos 24
    Teoria histórico-cultural 24
    Pedagogia histórico-crítica 27

Do princípio 33

Pratos literários tradicionais 37

- O conto 37

- A crônica 38

- A poesia 40

Cardápio

Entradas..45

- Sensibilizações criativas para o ato de escrever............................45

    Um: Mexam as letras 46
    Dois: Agitem as palavras..46
    Três: Combinem as palavras 47
    Quatro: Classifiquem as palavras..48
    Cinco: Misturem as palavras...49
    Seis: Estiquem as palavras...50
    Sete: Façam saladas de frases 51
    Oito: Espichem as frases..52
    Nove: Substantivem os sabores 53
    Dez: Nomeiem os utensílios 54
    Onze: Usem ingredientes-surpresa...54
    Doze: Abusem da criatividade..56
    Treze: Aqueçam a personagem 57
    Catorze: Explorem a personagem 58
    Quinze: Desdobrem as narrativas 59
    Dezesseis: Surpreendam a morfologia 60
    Dezessete: Economizem as mensagens.....................................61
    Dezoito: Sejam as celebridades...61
    Dezenove: Temperem com figuras de linguagem 62
    Vinte: Saboreiem a narrativa coletiva..64
    Vinte e um: Imaginem o que fazer...66
    Vinte e dois: Devorem o dicionário...66

Pratos principais 69

- Produções criativas avançadas 69

    Vinte e três: Tietem a personagem...70
    Vinte e quatro: Apimentem os vocabulários............................70
    Vinte e cinco: Brinquem com a personagem...........................73
    Vinte e seis: Decifrem a galinha 75
    Vinte e sete: Provem neologismos 76
    Vinte e oito: Reaqueçam contos 78
    Vinte e nove: Renovem contos 79

Trinta: Prossigam a narrativa 81
Trinta e um: Salpiquem poemas dadaístas...82
Trinta e dois: Esquadrinhem histórias em quadrinhos.......................83
Trinta e três: Descrevam o prato..84
Trinta e quatro: Adjetivem o prato 85
Trinta e cinco: Imaginem o prato...86
Trinta e seis: Ilustrem o prato 87
Trinta e sete: Misturem fábulas e parábolas......................................88
Trinta e oito: Combinem manchetes..92
Trinta e nove: Adicionem pitadas de poesia 94
Quarenta: Sorvam períodos e parágrafos..95
Quarenta e um: Vejam a bula...98
Quarenta e dois: Coloquem pitadas de haicais................................100
Quarenta e três: Rejuvenesçam provérbios.....................................102
Quarenta e quatro: Provem vários tipos e gêneros.........................103
Quarenta e cinco: Adaptem ao seu estilo..106
Quarenta e seis: Refresquem poemas..107

Sobremesas 109

- Estímulos criativos ao deleite da leitura 109
- Os inigualáveis sabores da leitura 109

Quarenta e sete: Iniciem o preparo do menu da leitura 111
Quarenta e oito: Deem asas à imaginação.......................................112
Quarenta e nove: Leiam especulando paladares 112
Cinquenta: Cacem e cruzem palavras e encantos 113
Cinquenta e um: Preencham lacunas de deleites............................114
Cinquenta e dois: Saciem os funcionários e vice-versa..................114
Cinquenta e três: Registrem o preparo do banquete de formas múltiplas....115
Cinquenta e quatro: Criem visuais para portas e murais do salão 116
Cinquenta e cinco: Produzam músicas-tema e trilhas sonoras da festa 117
Cinquenta e seis: Criem passatempos para a festa.........................117
Cinquenta e sete: Produzam os convites da festa...........................118
Cinquenta e oito: Criem os figurinos e os acessórios da festa 119
Cinquenta e nove: Revisem o preparo do menu da leitura 119
Sessenta: Celebrem o grande banquete..120

Como avaliar o preparo e a degustação 122

Referências bibliográficas 125

Um livro para ensinar a escrever e a gostar de ler mundos e textos como quem saboreia o prato mais gostoso

Ponto de partida da nossa conversa: escrita e leitura, sustentadas nas relações sociais, não podem ser ensinadas separadamente para que produzam sentidos. São interdependentes, como a fome e a vontade de comer; como as aprendizagens e o desenvolvimento, desde que nascemos. Ensina-nos a teoria histórico-cultural proposta por Lev Vygotsky (1896-1934) e seus seguidores, que defende o papel da mediação social no desenvolvimento das funções mentais tipicamente humanas que refletem nosso comportamento consciente, como o pensamento lógico, a abstração, a atenção voluntária, a percepção e a memória. É por isso que os processos iniciais de apropriação do alfabeto, conjugando dialeticamente escrita, leitura e conhecimentos de mundo, potencializam o desenvolvimento da criança. Aliás, é Luria (2001, p. 144), colaborador de Vygotsky, quem afirma que "a escrita pode ser definida como uma função que se realiza culturalmente por mediação". Todavia, em algum lugar de nossas vidas, sobretudo de nossa vida escolar, esses dois fenômenos vão se afastando um do outro. E é fortemente danoso quando a fome se afasta da vontade de comer. Quando menos notamos, nossas habilidades de escrever até tomam vulto, enquanto as de leitura se atrofiam e, na razão direta, atrofia-se o prazer gerado por esses atos. Isso me faz lembrar as pessoas "bombadas" que, na academia de ginástica, hiperestimulam determinados grupos musculares em detrimento de outros, tornando-se disformes. Parece-me que a escola, academia de saberes e de sabores (infelizmente também de dissabores), segue a mesma lógica quanto ao ensino da escrita e da leitura, circundando o território dos textos convencionais e estacionando lá. Em geral, a exploração dos diversos gêneros e tipos textuais é acanhada. Afinal, dizem muitos, a escola não tem a intenção de formar escritores! E mais timidamente ainda se ensina o gosto pela leitura! É nessa cozinha que este livro se intromete. Entendendo essa inseparável correlação, vejamos como a dicotomia que impomos ao ato de ler e de escrever pode produzir resultados trágicos.

Vivemos tempos de não leitores e infelizmente não temos poder para "formar" leitores. Não há ação externa que forme alguém, sobretudo à luz da teoria histórico-cultural. Mesmo considerando as fortes influências que um sujeito tem sobre o desenvolvimento do outro, transformando e sendo transformado nas relações dialéticas, ele é o sujeito do seu próprio desenvolvimento. Sua constituição como sujeito é singular, sua formação é singular. Nossas influências podem orientar tal formação, mas sua constituição é própria dele. Assim, não formamos leitores, leitores se formam. Ou não. Como podemos efetivamente influenciar os alunos a se formarem leitores em um tempo de não leitores é pretexto deste livro.

As pesquisas sobre leitura no Brasil sempre nos preocupam, sobretudo quando relacionamos o ato de ler ao desenvolvimento social, econômico e cultural de uma nação. O famoso alerta do pré-modernista Monteiro Lobato (1882-1948), que já na década de 1930 dizia que "um país se faz com homens e livros", repercute como frase oca proferida para dourar discursos ou adornar artigos. Na prática, muito pouco avançamos nestas décadas que nos separam da advertência de um autor que, para fazer o livro circular por este país afora, fundou a primeira editora brasileira e inventou a distribuição consignada de livros para qualquer tipo de estabelecimento que desejasse dividir os lucros com ele. E qual a dimensão dos prejuízos pessoal e nacional a um povo que não lê? Esse mesmo Lobato, também em local não sabido, apregoara que "aquele que não lê, mal ouve, mal fala, mal vê". A riqueza dessa metáfora se evidencia na medida em que, transcendendo a necessidade de ler a palavra, de ouvir o que é dito e de ver coisas e fatos, a leitura de mundo é requisito básico para o exercício consciente da cidadania, competência que exige, mas supera, a elementar alfabetização. E Freire (1989) vai nos dizer que a leitura de mundo precede a leitura da palavra, reivindicando que os tão conhecidos "mecanismos de leitura" sejam transmudados no que ele denominou "ato de ler", apontando para uma prática de leitura crítica, reflexiva e produtora de sentidos. A falta da prática da leitura, sobretudo compreendida como ato de conhecer, impõe alto custo pessoal e social: para o indivíduo, a baixa autoestima, o imobilismo, a alienação, a exclusão; para a nação, a negação ao desenvolvimento social, econômico, científico e cultural.

A tragédia social de uma nação que não se nutre de leitura

A principal pesquisa nacional sobre o tema, "Retratos da leitura no Brasil", realizada trienalmente pelo Instituto Brasileiro de Opinião Pública e Estatística (Ibope) por encomenda do Instituto Pró-Livro, do Sindicato Nacional dos Editores de Livros (Snel), da Câmara Brasileira do Livro (CBL) e da Associação Brasileira de Editores de Livros Escolares (Abrelivros), na sua edição de 2016 – a mais recente até o presente momento –, em amostra representativa de 93% do nosso povo, recortando a população de mais de 5 anos, alfabetizada e não alfabetizada, contemplando as cinco regiões brasileiras, denuncia que 44% da população brasileira não lê e 30% nunca comprou um livro. Isso mesmo: são estatísticas alarmantes para um país que sonha ingressar no seleto grupo dos países desenvolvidos. O índice de leitura do brasileiro apontado pelo estudo é de tão somente 4,9 livros por ano. Mas, atenção: desses, apenas *2,4 livros foram terminados*; o restante foi parcialmente lido. Isso significa, na verdade, que se lê pouco mais de dois livros em um ano inteiro. E como fortalecer o vocabulário para o ato de escrever? Como se apropriar de técnicas e estratégias típicas do universo da escrita para implementar na sua escrita pessoal?

Chama-nos a atenção o fato de que 67% da população declarou não ter havido (ou não haver) quem a incentivasse (ou a incentive) a ler. Todavia, dos 33% que disseram ter sido influenciados por alguém na aquisição do hábito de leitura, a mãe, ou algum parente do gênero feminino, foi a principal responsável (11%), seguida pelo(a) professor(a) (7%). Percebemos que esse quadro desolador é consequência também da ausência de uma cultura de leitura na família, resultante de um círculo vicioso cuja origem e cuja negligência em relação às práticas efetivas de leitura e de produção de textos na escola são de difícil localização. Refiro-me ao compromisso imperioso com o estímulo constante, saboroso, atraente e convincente à leitura a crianças e jovens, por parte dos já leitores na família e, sobretudo, na escola.

Outro dado revelador dessa alarmante tragédia social é que, quando indagados sobre quais as razões para não terem lido nenhum livro inteiro, ou ao menos partes de um livro, nos três meses anteriores à pesquisa, 32% dos não leitores responderam que foi por falta de tempo, 28% por não gostarem de ler, 13% por não terem paciência para ler, 9% por dificuldades na prática de leitura, 2% por considerarem o livro caro, 2% por não terem onde comprar na localidade em que vivem. Argumentar falta de tempo revela a desimportância do livro na vida dessas pessoas, já que, como veremos mais adiante, 73% disseram ocupar seu tempo livre com programas de televisão e 60% ouvindo músicas (provavelmente nos fones de ouvidos de seu *smartphone*). Quanto às demais justificativas, "não gostar de ler", "não ter paciência" e "dificuldades de leitura" apenas reforçam a lógica recursiva de que, se não leio, não desenvolvo o gosto pela leitura; se não gosto de leitura, não terei "paciência" para o ato de ler. Aliás, se lemos voluntariamente, não precisamos de "paciência", pois o ato flui. Por último, as dificuldades no ato de ler se avolumam.

Por fim, o último conjunto de dados da pesquisa aponta que a prática da leitura ficou nos últimos lugares quando questionados sobre o que gostam de fazer no tempo livre. A televisão, como antecipei no parágrafo anterior, ainda é a campeã em predileção, com 73%; em segundo lugar, vem ouvir música, com 60%; em seguida, ficar na internet, com 47%; assistir a filmes em casa, com 44%; usar o WhatsApp, com 43%; usar Facebook, Twitter ou Instagram, com 35%; ler jornais, revistas ou notícias, com 24%; e só então ler livros em papel ou digitais, com 24%.

Esse resultado evidencia a importância e a urgência de estimularmos, com temperos atrativos, o desenvolvimento de competências na escrita e na leitura em crianças e jovens no sentido de torná-los cidadãos críticos e conscientes, que possam se assumir como protagonistas de transformações sociais emancipadoras, absolutamente necessárias para a mobilidade social das classes menos favorecidas, para a construção de uma sociedade mais justa e mais inclusiva e, em nível macro, para a motilidade do país no cenário global.

É notório que vivemos tempos de não leitores, quando a pesquisa aponta que 73% do tempo livre de uma amostra que representa 93% da população brasileira é dedicado a um dispositivo de entretenimento audiovisual que não envolve leitura; que 60% dela se diverte com mecanismo de áudio; que vultosa parte consome seu tempo navegando na *web* e trocando mensagens nas redes sociais, atividades que não são de fato práticas de leitura que ampliem seu repertório vocabular, que favoreçam seu senso crítico e que promovam a escrita.

Para atuarmos efetivamente no sentido de favorecer o fomento ao gosto pelo livro e pela leitura; de dar condições mínimas ao indivíduo para instrumentalizar-se para as negociações da vida social; para constituir-se como sujeito ativo, crítico e reflexivo; para informar-se a fim de poder impor resistência a uma sociedade hegemônica, excludente, desigual e injusta; para inteirar-se dos fatos de modo que lhe permita rebelar-se à submissão, à domesticação e à opressão, são requeridas duas ações fulcrais:

- qualificações críticas e reflexivas dos processos de alfabetização e de letramentos;
- produção de projetos críticos e reflexivos de preparo e degustação de textos e de leitura nas escolas.

É muito importante acompanhar com atenção as reflexões derivadas dessas duas ações.

Qualificações críticas e reflexivas dos processos de alfabetização e de letramentos

Ser alfabetizado é o básico para a conquista do direito ao exercício da cidadania. Saber assinar (ou desenhar) o nome faz com que muita gente, em vários rincões deste país, se encha de orgulho, na medida em que essas pessoas deixam de ser rotuladas de analfabetas. Embora a alfabetização, de fato, socialize o indivíduo e favoreça seu acesso a bens culturais produzidos pela humanidade, o aprendizado do alfabeto e sua utilização como código de comunicação não trazem junto automaticamente a competência para a compreensão crítica, reflexiva e produtora de conhecimento, absolutamente necessária para o gozo pleno e consciente da cidadania. O mundo de velozes transformações históricas, sociais, culturais e tecnológicas exige posicionamentos mais ativos e participativos. Exige muito mais que alfabetização; exige letramento. Um indivíduo alfabetizado não é, necessariamente, um indivíduo letrado; assim, suprime-se a condição primeira para o sujeito se formar leitor. A propósito, Soares (2013, p. 52) nos alerta para o fato de que não basta "que crianças e adultos aprendam a ler e escrever, mas que aprendam a fazer uso adequado da leitura e da escrita nas práticas sociais".

A concepção de letramento, no singular, remonta aos anos 1980. *Alfabetização* representava a apropriação do alfabeto como *condição* para a leitura e para a escrita. O vocábulo *letramento*, superando a proposta de compreensão do alfabeto, advoga a necessidade das competências na leitura e na escrita. Soares (1998) nos diz que tal termo apareceu de forma consistente, caracterizando os dois termos, em 1988, com Leda Verdiani Tfouni, linguista e professora na Universidade de São Paulo.[1] Assim, não basta ao indivíduo saber ler e escrever; é pouco ser alfabetizado. É necessário posicionar-se como sujeito ativo,

---

1. *Adultos não alfabetizados: O avesso do avesso.* Campinas: Pontes, 1988.

crítico e reflexivo nas práticas sociais da leitura e da escrita. Somente tal condição possibilita a transformação de sua história na medida em que é transformado por ela em movimentos dialéticos. Daí emergem as concepções de letramentos e multiletramentos, as quais nos ajudam a entender os lugares das crianças e dos jovens pretendentes a leitores em um cenário multimidiático, ultratecnológico e de informações rapidamente descartáveis, que rivaliza com o livro.

Letramentos/letramentos múltiplos e multiletramentos

Em profusão alucinante, estamos envolvidos o tempo todo, desde as primeiras horas do dia, em múltiplas práticas sociais de leitura. Ao acordarmos, já temos contato com os rótulos nas embalagens dos produtos de higiene no banheiro e nos artigos de café da manhã na cozinha; pouco depois, com as placas de trânsito, durante o deslocamento para nosso destino; com os painéis de propaganda, no trajeto; com as frases nas camisetas dos transeuntes; com os correios eletrônicos e as mensagens, nas redes sociais, que transitam multidirecionalmente via dispositivos eletrônicos pessoais, como o *smartphone*. Portanto, a expressão *letramento*, usada no singular, precisa ganhar o plural para sinalizar as variedades de práticas letradas nas sociedades. Surge assim o conceito de *letramentos* ou de *letramentos múltiplos*. Todavia, estudiosos da linguística, sobretudo aqueles ligados ao Grupo de Nova Londres[2] (Rojo e Moura 2012), avançaram para uma proposta de *multiletramentos*, no sentido de atender às multiplicidades culturais e semióticas das nossas múltiplas sociedades. Para Rojo e Moura (2012), essa compreensão aponta para dois tipos específicos e importantes de multiplicidade presentes em nossas sociedades, na contemporaneidade,

---

2. Encontro de dez educadores dos Estados Unidos, do Reino Unido e da Grã-Bretanha, em 1994, na cidade de Nova Londres – EUA, com o propósito de discutir uma pedagogia do letramento.

principalmente as urbanas: a multiplicidade cultural das populações e a multiplicidade semiótica de constituição dos textos por meio dos quais elas se informam e se comunicam.

Não é difícil reconhecer os múltiplos instrumentos disponíveis para comunicação e informação, que produzem novas formas de letramentos multimodais e multimidiáticos. Como Rojo (2009, p. 72) afirma, "novos tempos pedem novos letramentos". As escolas estão suficientemente qualificadas para tal desafio? Com o propósito de cunhar um conceito ainda mais objetivo para multiletramentos, sua compreensão e prática em contextos escolares, Rojo e Moura (2012, p. 8) esclarecem que

> (...) trabalhar com multiletramentos pode ou não envolver (normalmente envolverá) o uso de novas tecnologias da comunicação e de informação ("novos letramentos"), mas caracteriza-se como um trabalho que parte das culturas de referência do alunado (popular, local, de massa) e de gêneros, mídias e linguagens por eles conhecidos, para buscar um enfoque crítico, pluralista, ético e democrático – que envolva agência – de textos/discursos que ampliem o repertório cultural, na direção de outros letramentos.

Portanto, é incontestável que as habilidades leitoras construídas pelos processos de alfabetização e de letramento/letramentos são pré-requisitos basilares para o ingresso crítico, reflexivo e intencional no universo da leitura. Por isso, precisam ser altamente qualificadas crítica e reflexivamente no seu ponto de partida, isto é, na formação inicial e continuada de professores e consequentemente nos processos de ensino e de aprendizagens das crianças. Estou de acordo com Oliveira (1997, p. 62) quando pontua que tais processos devem ter como "ponto de partida o nível de desenvolvimento real da criança e como ponto de chegada os objetivos estabelecidos pela escola, supostamente adequados à faixa etária e ao nível de conhecimentos e habilidades de cada grupo de crianças". Como disse, concordo com o argumento, mas destaco que as intervenções se deem na zona de desenvolvimento imediato, a fim de favorecer o progresso do aluno em direção a um novo nível de desenvolvimento real, conforme veremos mais adiante.

Produção de projetos críticos e reflexivos de preparo e degustação de textos e de leitura nas escolas

Incentivar, incansável e cotidianamente, a leitura e a escrita apetitosas, criativas e reflexivas na escola é produzir processos de refinamento de sentidos, de estética, de apuração do bom gosto que desejamos que acompanhem o aluno vida afora, ajudando-o no seu percurso de empoderamento social.

Somos cônscios do poderoso instrumento que é o livro para a ampliação de horizontes sociais e culturais, para o enriquecimento de repertórios linguísticos e de compreensão de mundo. Penso, faz tempo, que a realização de projetos de leitura e de produção de textos que estabeleçam relações entre os vários campos de saberes na escola é a grande e eficaz estratégia, ainda mais potencializada quando incorporada ao projeto político-pedagógico da instituição, com lugar cativo no calendário anual e envolvendo todos os setores, além dos professores e dos alunos.

Se se pretende realizar uma experiência que marque positivamente a vida dos estudantes, esta deve ser grandiosa e de amplo espectro, abrangendo estudantes, professores, equipes pedagógica e gestora, pessoal de apoio (merendeiras, recepcionistas, pessoal da limpeza e da segurança etc.) e, claro, a família, ingrediente importante nesse tipo de realização. Além disso, precisa ter tanto uma duração temporal suficiente para explorar ao máximo suas potencialidades – no mínimo, dois meses – quanto um planejamento coletivo, consistente, flexível, integrado com e por todas as disciplinas do currículo e com a cobertura irresistível da conquista que é o mundo mágico da leitura e do livro.

O que e com que esta cozinha experimental alimenta

Minha relação com a cozinha vem de longa data. Cozinho desde a mais tenra idade e considero que ensinar e aprender se confundem com culinária, se parecem com alquimia. Envolvem combinações singulares de ingredientes diversos, voltadas ao objetivo primordial de nos tornar mais humanos! As delícias da Tia Nastácia e o elixir da longa vida buscado pelos alquimistas se confundem quando falamos da busca pelo conhecimento. Aliás, os alquimistas acreditavam que alguns alimentos tinham propriedades de nos eternizar. O conhecimento de alguma forma também nos eterniza! A culinária, técnica e magia, é talvez a mais rica experiência sensorial de nossa vida: combinações irrepetíveis de aromas, cores, sabores, texturas, o crepitar dos alimentos sobre o fogo. Fogo, mágico elemento ancestral que ajudou a nos definir como espécie humana sobre a Terra! Os atos de ensinar e de aprender precisam, cada dia mais, se inspirar nessa metáfora culinária, pois saberes sem sabores não se eternizam. Relembro o sensível biólogo e escritor moçambicano Mia Couto (1955-), ao sussurrar-nos, por meio de seu livro O *fio das missangas*, que "cozinhar é o mais privado e arriscado ato. No alimento se coloca ternura ou ódio. Na panela se verte tempero ou veneno. Cozinhar não é um serviço. Cozinhar é um modo de amar os outros". Então, fica aqui meu convite mais gentil e amoroso: temperemos nossos atos educativos com ternura, pois educar é também uma forma de amar os outros!

Muito podemos fazer para que crianças e jovens, conquistados pelos sabores da escrita e da leitura, façam delas suas aliadas ao longo da vida, como instrumentos de libertação e transformação social. Podemos colaborar com a formação de leitores mesmo em tempos de dispositivos eletrônicos multimidiáticos sedutores e acessíveis. Projetos lúdicos e saborosos podem ajudar a recuperar o lugar do livro, especificamente das obras literárias infantojuvenis, como recurso para uma prática de leitura rica, competente e eficaz que, além de cumprir seu papel de fruição, cumpra suas funções sociais.

As experiências aqui propostas, inspiradas na teoria histórico-cultural e na pedagogia histórico-crítica, almejam produzir sabores, saberes e competências, sobretudo sociais, na escrita e na leitura, favorecendo a construção de cidadãos críticos e conscientes, que se assumam protagonistas das transformações emancipadoras que tanto reclamamos; intencionam promover prazeres na produção de textos e na leitura, por meio de jogos e brincadeiras, como estratégia para o desenvolvimento de habilidades e conhecimento técnico da produção textual e da apropriação de conteúdos de obras literárias; desejam incentivar a escrita e a leitura crítica na escola de forma que ampliem os horizontes sociais e culturais dos alunos e da comunidade; pretendem mobilizar a escola toda para a envolvente experiência do livro-leitura; aspiram à realização de produções orais e escritas divertidas e inteligentes que facilitem os multiletramentos, que enriqueçam seus repertórios linguísticos e de compreensão de mundo; planejam desenvolver a habilidade de expressão em público, desinibindo o estudante e preparando-o para uma comunicação eficaz na sociedade.

Pressupostos teóricos

Teoria histórico-cultural

Considerando a função social da linguagem, especificamente da escrita como sistema simbólico de representação da realidade que vai sendo construído desde nossas primeiras interações com o mundo, quando já gesticulamos, depois desenhamos para simbolizar nossa comunicação, e recuperando o início desta nossa conversa a respeito da obstinada ênfase em nos ensinar a juntar letrinhas, no começo de nossa caminhada escolar, sem trazer junto o ensino de seu uso social, como linguagem, Mello e Bissoli (2015), evocando Vygotsky, advertem que:

> (...) na prática escolar, gastamos muito tempo ensinando às crianças "a traçar as letras e a formar palavras com elas", mas não lhes ensinamos a linguagem escrita e, "por isso, a sua aprendizagem não ultrapassa os limites da ortografia e caligrafia tradicionais". Enfatiza-se o mecanismo da leitura e da escrita "a tal ponto que a linguagem escrita, como tal, fica esquecida" e, com isso, "o ensino do mecanismo da escrita e da leitura prevalece sobre sua utilização racional". Esse ensino de letras e sílabas se torna para a criança uma "aprendizagem artificial que exige enorme atenção e esforços por parte do professor e do aluno, devido a que se converte em algo independente, em algo que se basta a si mesmo; a linguagem escrita viva passa a um plano secundário.

Por isso, e por muito mais, é inevitável que essa proposta se ampare na teoria histórico-cultural, como venho situando desde o início, uma ancoragem que, ao mesmo tempo que considera a dimensão biológica humana em termos de aprendizagens e de desenvolvimento, leva também em conta as implicações dos fatores sociais. Essa perspectiva, com forte base no materialismo histórico-dialético, surgiu na então União Soviética, entre 1920 e 1930, com as investigações do trio de pesquisadores Lev Semenovich Vygotsky, Alexander Romanovich Luria e Alexei Nikolaevich Leontiev, sob a liderança do primeiro, e até hoje tem servido a diversas áreas do conhecimento para explicar o funcionamento humano em suas aprendizagens e em seu desenvolvimento; sobretudo, para expor as funções da cultura e da linguagem como mediadoras no desenvolvimento das funções mentais superiores.

Dessa forma, as categorias essenciais, na teoria histórico-cultural, para analisar as relações entre aprendizagem e desenvolvimento e, no contexto deste livro, a aprendizagem da linguagem escrita e da leitura como funções sociais são as que se seguem. No trabalho com a oficina proposta, recomendo atenção a seus funcionamentos, seus papéis centrais e suas interarticulações na produção da escrita e no ato de ler.

Funções mentais superiores: são funções psicológicas que caracterizam nosso comportamento consciente (percepção, memória, pensamento, linguagem, atenção voluntária). A importância que elas têm para esta nossa proposta de trabalho reside no fato de que a aprendizagem das linguagens oral e escrita e a apropriação do sistema de escrita alfabética na educação infantil e nos anos iniciais são favorecidas por essas funções, assim como as favorecem em movimentos recursivos – notadamente as relações entre pensamento e linguagem, amplamente discutidas por Vygotsky (2009) e Luria (1986).

Mediação: nossas interações com o mundo natural e social se dão mediadas por sistemas simbólicos que podem ser instrumentos – como um bastão utilizado para alcançar alguma coisa ou objetos empregados para fazer conta – ou signos – símbolos utilizados para representação de ideias, com estreitas relações com a memória e a atenção. A mediação é fundamental para o desenvolvimento das funções mentais superiores; portanto, fulcral para as aprendizagens, entre as quais a da leitura e a da escrita. Como ocorre com nosso funcionamento psicológico social e histórico, "os elementos mediadores das relações humanas com o mundo são fornecidos pelas relações entre os homens, sendo a linguagem o principal meio de comunicação e de estabelecimento de significados compartilhados que nos permitem interpretar objetos, eventos e situações do mundo real" (Oliveira 1997, p. 40).

Zona de desenvolvimento imediato: é a distância entre o conhecimento real, aquilo que a criança já domina (conhecimento retrospectivo), e o conhecimento potencial, aquilo que ela conseguirá fazer com a ajuda de adultos ou de coleguinhas mais avançados (conhecimento prospectivo). É nessa zona que as intervenções do professor devem se dar, pois as aprendizagens de qualquer natureza não ocorrem espontaneamente. Incluo aqui as da leitura e da escrita. Atuando assim, favorecerá o avanço do aluno de sua zona de desenvolvimento proximal ao nível de desenvolvido real.

Além do amparo nessas categorias, esta obra que você tem em mãos se sustenta na teoria histórico-cultural também quando esta pressupõe o papel ativo da criança no seu processo de desenvolvimento, como sujeito que aprende, nunca como objeto, como protagonista do seu ato de aprender. Além disso, Duarte (1996, p. 30) nos lembra que "o processo de desenvolvimento infantil não se dá apenas pelo que 'os de fora' fazem por ela (adultos ou o meio externo em si), mas ela integra ativamente o processo, sendo sujeito dele".

Portanto, é de suma importância conhecer esse pressuposto teórico para melhor se apropriar deste livro e, da melhor forma, instrumentalizar o sujeito que aprende a nunca se posicionar como passageiro passivo de sua história, mas sim como construtor dela, transformando-a e sendo dialeticamente transformado por ela, em um constante processo histórico do vir a ser.

Pedagogia histórico-crítica

Esta minha proposta se sustenta também, no campo pedagógico, na pedagogia histórico-crítica (Saviani 2011), igualmente fundamentada no materialismo histórico-dialético, vertente marxista que defende sobretudo que as mudanças sociais são alimentadas pela realidade material dos indivíduos, e na teoria histórico-cultural, explanada anteriormente, e reclama por práticas docentes comprometidas com a produção crítica e reflexiva do conhecimento e com os processos de transformação da sociedade, na direção da superação da hegemonia vigente. Segundo essa teoria, "a educação escolar é valorizada para garantir os conteúdos que permitam aos alunos compreender e participar da sociedade de forma crítica, para além do senso comum" (*ibidem*, p. 90).

A organização metodológica das atividades deve-se inserir na didática à luz desta corrente pedagógica (Gasparin 2012, p. 5), na qual "o professor não trabalha pelo aluno, mas com o aluno, e [que] consiste no uso do método dialético prática-teoria-prática". Tal proposta de organização didática tem como ponto de partida a realidade social, representada sobretudo pelo nível de conhecimento atual dos alunos. Não parte daquilo que a escola estabelece, nem daquilo que o professor pressupõe. Para isso, Gasparin propôs o desenho de uma sequência didática que contempla as três fases do método dialético da produção do conhecimento escolar, prática-teoria-prática.

Parte-se do nível de desenvolvimento atual dos alunos, explora-se a zona do desenvolvimento imediato, para alcançar-se um novo nível de desenvolvimento atual. Esse processo tem o seguinte fluxo:

- Prática/prática social inicial do conteúdo/nível do desenvolvimento atual (em que o professor estabelece com os alunos os conteúdos a serem trabalhados);
- Teoria/problematização/zona do desenvolvimento imediato (identifica e discute os principais problemas postos pela prática social e pelo conteúdo e as dimensões dos conteúdos a serem trabalhados);
- Teoria/instrumentalização/zona do desenvolvimento imediato (estabelece a relação aluno-objeto – o conhecimento com sua mediação);
- Teoria/catarse/nível do desenvolvimento imediato (elaboração teórica e expressão prática da síntese, assim como momento de avaliação);
- Prática/prática social final do conteúdo/novo nível de desenvolvimento atual (intenções do aluno, manifestação de novas posturas práticas).

Para aplicação voltada à produção e à fruição de textos com tal vertente, a sequência didática mostrada acima foi adaptada por mim e acompanhada de orientações práticas no estilo "Como fazer". Você poderá implementá-la tanto em atividade individual quanto em um determinado conjunto temático de atividades, dependendo da forma pela qual preferir organizar o projeto, ou mesmo na produção de um programa de leitura e de produção de textos. Vamos às cinco etapas!

(1) Prática/prática social inicial do conteúdo/nível de desenvolvimento atual: O ponto de partida é o que os alunos já sabem, e o desafio é o que gostariam de saber sobre o assunto proposto na atividade ou no conjunto delas.

Como fazer: Anuncie o tema da atividade (ou do conjunto delas) e seu objetivos. Faça um *brainstorming*, a conhecida técnica de produção de ideias, para levantar os conhecimentos prévios, isto é, o nível de desenvolvimento atual dos alunos, perguntando o que sabem sobre o assunto e, em seguida, o que gostariam de saber. Nesta brincadeira, vá relacionando os assuntos tratados com a vida de modo geral e com a vida deles especificamente. Estimule-os a falar espontaneamente; reforce que aqui não há certo nem errado. Registre tudo em cartolinas presas a paredes e, paralelamente, grave o áudio dessas verbalizações para referências futuras e também para recuperar alguma informação eventualmente perdida na agitação.

(2) Teoria/problematização/zona do desenvolvimento imediato: Momento de estabelecer as relações do assunto com as diversas dimensões do conhecimento, de identificar, sempre em conjunto com os alunos, as possíveis dimensões que aquele tema ou o conjunto deles pode apresentar. Como exemplo: dimensões científica, histórica, econômica, social, legal, religiosa, cultural, afetiva, psicológica, política, estética, ética, filosófica, ideológica, técnica etc.

Como fazer: Apresente vídeos, músicas, imagens, brinquedos e outros materiais concretos que possam agregar valor sensorial ao assunto, que possam servir para ilustrar a atividade, compô-la, somar-se a ela. Claro, não exagere. Não leve toda essa lista, não sobrecarregue, não polua a atividade. Selecione com bom senso. Elabore uma ou duas perguntas envolvendo as dimensões mais pertinentes. Podem ser idealizadas com a ajuda da turma. Mostre como o assunto se relaciona com a prática social. As perguntas não são respondidas nesta etapa, mas na instrumentalização.

(3) Teoria/instrumentalização/zona do desenvolvimento imediato: Lugar do desenvolvimento das atividades propostas, momento privilegiado de produção de sentidos, desafiando os alunos ao trabalho com o texto, utilizando diversas formas de comunicação e expressão humana (por exemplo, gêneros textuais diversos, microvídeos, desenhos, pinturas, teatro, música, dança, jogral etc.). É sobretudo o lugar da práxis, definida por Marx como "atividade humana prático-crítica, que nasce da relação entre o homem e a natureza. A natureza só adquire sentido para o homem à medida que é modificada por ele, para servir aos fins associados à satisfação das necessidades do humano" (*apud* Barros 2017, p. 177). Ou, se preferir uma forma mais didática, na práxis "o conhecimento se produz no sujeito como resultado de sua ação sobre o mundo (caráter dialético). Não se trata apenas da existência de algo que precisa ser ensinado, dito, revelado a alguém. É a atitude do sujeito sobre o objeto do conhecimento. De outro modo é sempre algo que lhe dizem, que não se lhe incorpora" (Vasconcellos 1992, p. 19).
Como fazer: Siga as orientações de cada atividade e assuma um papel provocador, ativo e dinâmico.

(4) Teoria/catarse/zona do desenvolvimento imediato: Em Aristóteles (384-322 a.C.), principalmente na sua obra *Poética*, catarse tinha o sentido de purificação por meio da liberação de emoções geradas pela fruição dos espetáculos teatrais gregos. Esse conceito, atravessando milênios, foi adotado por diversas áreas do conhecimento. Portanto, é o momento do "eureca!", do "uau!". É o espaço delicioso em que os alunos em êxtase expressarão suas descobertas, seus conhecimentos singulares!
Como fazer: Retome os objetivos da prática social inicial, trabalhados nas fases anteriores, e proponha que os estudantes se expressem livremente (o que pode ser feito em grupos), em um esforço por sintetizar todo o processo. Pode-se utilizar, por exemplo, o mesmo leque de possibilidades estratégicas das etapas anteriores: produções em gêneros textuais prediletos,

elaboração de vídeos, de desenhos, de pinturas, de dança, de encenação teatral, de jogral, composição musical etc.

Este é, sobretudo, um momento avaliativo. Busque perceber o quanto os alunos se apropriaram do ensinado e das dimensões provocadas.

(5) Prática/prática social final do conteúdo/novo nível de desenvolvimento atual: É o momento em que se esperam manifestações voluntárias de intencionalidades de atitudes do aluno; supõe-se que ele perceba e incorpore as implicações que o aprendido traz à vida de forma geral e à sua vida especificamente.

Como fazer: Recupere as cartolinas da primeira etapa e, com foco nas mesmas questões, levante um sem-número de perguntas que possam avaliar o novo nível de desenvolvimento atual dos alunos. E agora, o que sabem sobre isso? E agora, o que mais ainda gostariam de saber? A sequência não termina, fica sempre aberta à retomada, partindo dessas novas questões.

Organize com a turma um grande mural e desafie-a a expressar intenções, ações, compromissos a serem incorporados nos seus cotidianos relativos ao assunto explorado.

É essa, portanto, a estrutura desta publicação que tem você, professor, como o *chef* criativo mediador, o cozinheiro arrojado a envolver seus alunos no preparo e no deleite das experiências mais saborosas, quiçá perenes, do universo do texto e da leitura!

Dito isso, já podemos começar a nos divertir, atiçando alguns paladares? Sim! Mas... Por onde começar?

Do princípio

Como principiar um texto? Todos responderiam: "Do princípio, é claro!". Clássicos manuais ensinam que um texto deve ter princípio, meio e fim. O princípio geralmente é o drama da maioria das pessoas que intencionam redigir um texto. Depois que começam, a coisa flui naturalmente. Mas parece ser verdadeira a máxima que afirma que todo começo é difícil.

Então, vamos começar do princípio de tudo, ao menos para a cultura cristã. Na abertura do primeiro capítulo do "Evangelho de São João" (João, 1:1-4), é dito que "no princípio era o verbo. E o verbo estava junto de Deus e o verbo era Deus". Essa citação bíblica nos dá uma noção do valor da palavra na organização do caos que habitava o universo. Com o uso da palavra apropriada e dos verbos no imperativo – Faça-se a luz! Faça-se o firmamento! –, Deus colocou harmonia entre animais, vegetais e minerais. Terra, água e ar. Verbo é sinônimo de ação, não de imobilismo. O dinamismo da ação impulsionou o mundo recém-criado à rápida evolução. O Verbo Divino é entendido, portanto, como a palavra de Deus. "O verbo era a verdadeira luz que, vindo ao mundo, ilumina todo homem" – é o que afirma João (1:9).

Saindo do campo religioso e buscando nossas origens mais remotas, a comunicação e a expressão entre os humanos na pré-história principiaram por meio de um parco sistema de sinais. É interessante lembrar que os animais também permutam certos códigos entre si, ou seja, eles têm uma forma peculiar de comunicação. Por meio do gesto, o homem se expressava, mas a comunicação era ineficaz. Carecia do que chamamos de *linguagem*.

Outras centenas de anos se sucederam, e o homem percebeu o tamanho do poder que tinha sobre a natureza, o fantástico potencial de transformá-la em benefício para sua sobrevivência. Notou, também, que havia uma desvantagem muito grande entre ele e a natureza desafiadora. Ele dispunha tão somente de suas mãos e de algumas habilidades. Fischer (1983, p. 23) afirma que "foi a mão que libertou a razão humana e produziu a consciência própria do homem". Nesse momento o homem criou a ferramenta; com base no primeiro modelo, esta foi diversificando sua forma para alcançar outros usos. Daí, ele deparou com um problema: identificá-los e diferenciá-los no momento de sua escolha. Temos, então, outro princípio surgindo: o da comunicação oral. O homem foi "nomeando" seus instrumentos de acordo com o som que estes produziam quando em funcionamento. Um sistema de gestos e sonoridades foi todo o arcabouço da comunicação oral.

Todavia, a palavra pronunciada era facilmente esquecida. Foram necessários outros tantos séculos até chegarmos à palavra escrita para que outro a lesse. Constatação perene da história da humanidade. O aprimoramento da comunicação entre os povos deu-lhes, e notadamente ainda lhes dá, maior garantia de sobrevivência.

Por volta de 3100 a.C., na Mesopotâmia, onde hoje é o Iraque, a humanidade conhecia seu mais antigo sistema de escrita, o *cuneiforme*, nome dado em virtude de sua forma de cunha. Por muito tempo, contudo, apenas os escribas, escrivães oficiais, dominavam a técnica de escrever. Com a evolução da história, passaram a ensiná-la aos rapazes, como preparo para o alcance do posto de escriba.

A relevância da palavra escrita pode ser também comprovada nos rituais religiosos do antigo Egito, por volta de 3000 a.C. *O livro dos mortos*, considerado o primeiro livro da humanidade, era composto de cânticos, preces e poemas em homenagem aos falecidos. Um exemplar do livro era depositado na tumba do ente querido, com o propósito de que, lendo-o durante a travessia, ele fosse orientado na caminhada para o "outro lado".

Nos anos 1000 a.C., os chineses usavam fragmentos de galhos como instrumentos de escrita; no alvorecer do ano 100 d.C., esse povo inventou o papel e a tinta. Somente nos idos de 700 d.C. se descobriu, nas penas das aves, um inédito equipamento para escrever. Apenas em 1450 o ourives alemão Johannes Gutenberg (1394-1468) idealizou um rudimentar e inovador equipamento que permitia a reprodução dos textos escritos: a tipografia. O primeiro e mais importante trabalho de Gutenberg foi a impressão da *Bíblia* em latim, mesmo levando um dia inteiro para montar cada página. Essa invenção representou um divisor de águas na história da escrita e da leitura, acelerando enormemente o progresso da humanidade. Foi a fagulha que nos permitiu alcançar tão alto patamar de desenvolvimento social, cultural, científico e artístico.

Em outras palavras, do galho ao editor de textos do seu microcomputador, escrever sempre foi, e é, uma grande realização humana, um inefável artifício promotor da circulação dos nossos conhecimentos e ideias, visto que haverá o outro para ler.

Mais um fato importante a ser lembrado: todas as coisas, animadas ou inanimadas, são representadas por palavras. Escritas ou faladas. Não importando em que idioma são utilizadas – respeitadas suas distantes diferenças nos seus aspectos semântico, gramatical ou fonético –, as palavras representam o código e a linguagem que nos permitem prosseguir na jornada da existência. Todavia, há, na palavra escrita, uma peculiaridade.

Quando falamos, utilizamos uma cadeia de recursos que colaboram para clarear nossa mensagem, seja por meio da gesticulação dos braços, das mãos e dos dedos, seja por intermédio das expressões faciais, da sisudez ou da singeleza do olhar, da ênfase tonal ao falar etc. Na comunicação escrita, por sua vez, não nos resta outro apelo a não ser escrever bem. E escrever bem não quer dizer apenas fugir das incorreções gramaticais, mas também ser eficiente na comunicação.

A leitura está diretamente ligada à escrita; incontestavelmente, durante as 24 horas que compõem o ciclo do dia, só não estamos lendo enquanto dormimos, excetuando os sonhos nos quais aparecemos lendo.

O volume de informações escritas jorra sobre nossos olhos. Na rua, no trabalho, no carro, no ônibus, a pé, em casa, sentados ou deitados etc., topamos com cartazes, *outdoors*, avisos, itinerários de ônibus... E inexiste a opção de não os ler. Na verdade, primeiro lemos, depois podemos até pensar que não queríamos ter lido. Então, ler é um ato reflexivo e vital. E, se lemos, é porque alguém, antes, escreveu.

A poderosa força mítica e mística da palavra foi objeto de inspiração e especulação para muitos autores. O trecho a seguir, "Eternidade de palavras no cárcere de um minuto", é de minha autoria, estando inserido no meu livro de prosa intitulado *Vida: Manual do usuário* (Miranda 2015, p. 83). Por gostar muito dele, transcrevo-o como presente:

> A vida da palavra: via de mão dupla. Pérola ignota oculta na ostra. Alvo e Mira. Terreno e semente. Lampejo que transborda vida. Arco-íris e pote de ouro. Querência que alimenta. Asas e labirintos. Código linguístico atemporal. Teia a capturar instantes. Instintos. Nascedouro de memórias. Masmorras. Sementes de auroras. Beijo na boca: recado no ninho da palavra. Língua. Sintaxe: cetro do tempo. Centro do tempo. Palavra: águas profundas. Saliva. Abelha e pólen. Líquido seminal. Segredos que a boca guarda no calabouço. Ventos a sussurrar versos no ouvido do tempo.

Pratos literários tradicionais

O conto

Corria o século X d.C. e aquelas experiências não estavam sendo nada boas para Sherazade. O rei da Pérsia a condenara à morte. Ele decidira que a cada noite dormiria com uma virgem diferente, matando-a ao amanhecer, para garantir-se de que nenhuma delas o traísse, como havia feito a mulher com a qual ele havia se casado. E assim vinha fazendo.

Quando chegou sua vez, Sherazade pediu ao rei que, antes de consumar os atos, ouvisse uma história que ela havia trazido. O não muito generoso rei concordou em ouvi-la. Ela assim o fez. A narrativa já atravessava a madrugada. Como ele, absorvido pelo enredo, desejava saber o final da história, Sherazade pediu para terminá-la no dia seguinte.

Assim se passaram mil e uma noites. O monarca apaixonou-se por ela, abandonou a bizarra promessa de assassiná-la e pediu-a em casamento.

As mil e uma noites é uma coletânea de contos populares do Oriente Médio e do sul da Ásia, compilados durante centenas de anos a partir do século IX. A forma mágica pela qual foram contados pela protagonista atesta mais uma vez o incalculável preço da palavra. A história de Sherazade é o precedente metalinguístico mais antigo da origem do conto como gênero literário. A *Poética* de Aristóteles (384-322 a.C.), à qual me referirei outra vez mais adiante, prediz que no conto deve haver uma só ação, ocorrendo no tempo de um só dia e em um único espaço. É a conhecida "regra das três unidades". O sábio grego foi o primeiro a discorrer sobre as quase inumeráveis teorias do conto.

Em meados do século XV, o "conto maravilhoso" despontava com muita força, povoado de heróis e anti-heróis, jornadas repletas de aventuras, a fim de alcançar um objetivo predeterminado. Nomes como Hans Christian Andersen (1805-1875), escritor dinamarquês, os irmãos Jacob (1785-1863) e Wilhelm Grimm (1786-1859), escritores alemães, surgem como expoentes do conto maravilhoso no século XIX, projetando-se perenemente no futuro.

No decorrer do trabalho com este livro, recolha informações biobibliográficas sobre alguns dos nossos mais importantes contistas e aprecie com seus alunos alguns de seus textos. Sugestões: Clarice Lispector, Ignácio de Loyola Brandão, José J. Veiga, Dalton Trevisan, Rubem Fonseca, João Antônio, Moacyr Scliar, Sérgio Sant'Anna, Luís Vilella e Lygia Fagundes Telles. Descubra outros nomes mais contemporâneos – quem sabe da sua região, da sua cidade ou da sua escola? Explore essa rica experiência!

A crônica

Pode-se dizer que a crônica é o produto da alquimia entre o conto e o texto jornalístico. No Brasil, a carta de Pero Vaz de Caminha ao rei, d. Manuel, ao aportarem por aqui, foi nossa primeira crônica. O autor relatou com extrema competência os primeiros contatos daquela expedição com os nativos da terra do pau-brasil.

A crônica, como gênero, é uma observação direta dos fatos cotidianos; o cronista real Pero Vaz se ateve à preocupação de provocar em *el-rei* a sensação mais fiel possível de como eram estas longínquas terras e os hábitos dos nossos ancestrais tupiniquins. Veja e compartilhe com os alunos algumas passagens dessa crônica, redigida por Caminha entre 26 de abril e 2 de maio de 1500. Chame a atenção deles para o estilo linguístico adotado, representativo da língua portuguesa falada em Portugal na época. Aproveite para explorar com os estudantes o uso do dicionário e faça as contextualizações históricas e políticas necessárias à compreensão do texto.

> E assim seguimos nosso caminho por este mar, de longo, até que, terça-feira das Oitavas de Páscoa, que foram vinte e um dias de abril, estando da dita ilha obra de 660 léguas, segundo os pilotos diziam, topamos alguns sinais de terra, os quais eram muita, os quais eram muita quantidade de ervas compridas. (...) Neste dia, a horas de véspera, houvemos vista de terra! Primeiramente dum grande monte, mui alto e redondo; e doutras serras mais baixas ao sul dele; e de terra chã, com grandes arvoredos: ao monte alto o capitão pôs o nome Monte Pascoal, e à terra, Terra de Vera Cruz. (...) Dali avistamos homens que andavam pela praia, obra de sete ou oito, segundo disseram os navios pequenos, por chegarem primeiro. (...) Eram pardos, todos nus, sem coisa alguma que lhes cobrisse suas vergonhas. Nas mãos traziam arcos com suas setas. Vinham todos rijamente sobre o batel; e Nicolau Coelho fez sinal que pousassem os arcos. E eles os pousaram. (...) O capitão, quando eles vieram, estava sentado em uma cadeira, bem vestido, com um colar de ouro mui grande. Sancho de Tovar, Nicolau Coelho, Aires Correia, e nós outros que aqui na nau com ele vamos, sentados no chão. Acenderam-se tochas. Entraram. Mas não fizeram sinal de cortesia. Porém um deles pôs o olho no colar do capitão e começou a acenar com a mão para a terra e depois para o colar, como que nos dizendo que ali havia ouro. Também olhou para um castiçal de prata e assim mesmo acenava para a terra e novamente para o castiçal como se lá também houvesse prata. (Cortesão 1967, pp. 9-14)

No decorrer do trabalho com este livro, levante com a turma informações biobibliográficas sobre nossos principais cronistas e aprecie com seus alunos alguns dos seus textos. Sugestões: Fernando Sabino, Rubem Braga, Lourenço Diaféria, Sérgio Porto, Paulo Mendes Campos, Carlos Heitor Cony. Descubra outros nomes mais contemporâneos – quem sabe da sua região, da sua cidade ou da sua escola? Explore essa rica experiência!

A poesia

O *Livro das odes*, do chinês Shi Jing, escrito entre 1000 a.C. e 600 a.C., é o precedente poético mais antigo de que se tem registro. Seu conteúdo trazia poemas e cânticos escritos pelos aristocratas chineses e os poetas oficiais da Corte. A temática era, comumente, os mexericos da Corte e as façanhas dos guerreiros. Algumas vezes falavam da natureza, inspirando-se no Sol, na Lua, nos bambuzais etc.

Do ponto de vista teórico, pode-se usar como referencial histórico o grego Aristóteles, nascido em Estagira, em 384 a.C. Mudou-se para Atenas aos 17 anos, tendo sido aluno de Platão. Com o decorrer do tempo, o discípulo passou a contestar o mestre, quando este escreveu *República* e se referiu à poesia com desprezo. A resposta de Aristóteles foi seu mais afamado trabalho: *Poética*. Nele, o "Estagirita" desfila conceituações, defende os objetivos da poesia, o papel dos poetas, traçando um verdadeiro tratado sobre esse gênero literário. O fato é que, em todos os tempos e culturas, a poesia sempre esteve presente como forma de expressão artística e social, e o valor atribuído a ela por Aristóteles foi enaltecido pelo papa de origem italiana Celestino VI (1215-1296), em suas "Cartas aos homens". Veja alguns trechos:

> Estão os homens tão reduzidos à insensatez que nada tenham a pedir aos poetas? Se existisse um poeta no sentido primitivo e sagrado da palavra, ele não deixaria de desafiar o próprio empedernimento do desespero, por que é a Orfeu que cabe amansar as feras. Os homens deixaram de invocar a caridade da poesia. Todavia, nunca como hoje precisariam ser resgatados e elevados pela poesia. A voz da poesia sempre foi a voz dos povos. Se os poetas se calam, é porque os povos se encontram já em coma, e já nem sequer têm forças para gemer. (Papini 1947, pp. 67-68)

> Vejo entre vós, é certo, homens que se chamam poetas. Joalheiros ilustres do verbo que conhecem todos os vocabulários, todas as literaturas e não sabem qual a verdadeira missão humana e divina da poesia. (*Ibidem*, p. 79)

> A poesia é, portanto, iluminadora, purificadora e redentora. Não é preciso que os vossos versos proclamem a glória de Cristo. Há um tom cristão

até mesmo na maneira de descrever uma nuvem, uma flor, uma figura de mulher. Aquela nuvem, por íntima virtude da arte, recorda-nos a nuvem da ascensão. Aquela flor semelhar-se-á ao lírio da parábola. Aquela mulher, pura, parecer-se-á com a virgem; pecadora, com a samaritana. (*Ibidem*, p. 150)

Compreendeis agora por que apelo para a poesia a fim de restaurar a alegria no mundo trespassado e pregado na sombra dura do castigo. O silêncio durou demasiado. A vossa ausência é um dos sinais mais graves do crepúsculo dos valores supremos. Como vigário do mais divino dos poetas, tenho o dever de vos recordar o vosso dever, que é de ser a voz dos mundos. (*Ibidem*, p. 157)

No decorrer do trabalho com este livro, pesquise com a turma informações biobibliográficas sobre nossos principais poetas e aprecie com seus alunos alguns dos seus textos. Sugestões: Mario Quintana, Carlos Drummond de Andrade, Manuel Bandeira, Affonso Romano de Sant'Anna, Cecília Meireles, Vinicius de Moraes, Adélia Prado, Manoel de Barros, Ferreira Gullar, Paulo Leminski. Descubra outros nomes mais contemporâneos – quem sabe da sua região, da sua cidade ou da sua escola? Explore essa rica experiência!

E então, estão prontos para conhecer e colocar em prática o cardápio de atividades?

Cardápio

Entradas

Sensibilizações criativas para o ato de escrever

Neste primeiro bloco, as atividades funcionam como uma primeira aproximação, para romper eventuais bloqueios à produção textual. Apresentam-se como quebra-gelo, aquecimento preparatório facilitador dos processos seguintes. São aproximações progressivas, desde as experiências mais elementares às ligeiramente mais complexas, para o preparo e a degustação dos sabores.

Antes de colocarmos as mãos na massa, quero dar-lhe mais uma palavrinha acerca deste bloco. Dado seu alto teor lúdico, é aconselhável um bom grau de aceitação. É natural, principalmente no início, a ocorrência de alguma retração em virtude da aparência absurda ou cômica da qual os jogos e as brincadeiras podem se revestir. Escrever precisa ser um ato de liberdade e entrega, pareça ele ridículo ou engraçado.

Um: Mexam as letras

Ler muito é um dos caminhos para a originalidade. Uma pessoa é tão mais original e peculiar quanto mais conhecer o que disseram os outros.
Miguel de Unamuno

- Objetivo: criar intimidade com o texto.
- Ingredientes: lápis e papéis.
- Como fazer:

Começaremos brincando com as letras, grafemas do sistema alfabético de escrita, realizando uma atividade muito simples e envolvente. A letra é um elemento da fonética, é "cada um dos signos gráficos elementares com que se representam os vocábulos da língua escrita" (Ferreira 1999, p. 1.204). Isto é, a letra é a representação gráfica do fonema.

Escreva no quadro ou mencione uma letra do nosso alfabeto para a turma. Com lápis e papel nas mãos, estipule um tempo para que os alunos busquem formar, iniciando com a letra dada, quantas palavras puderem. Estabeleça, se quiser, um escore mínimo a ser alcançado. Ao final do tempo, faça a apuração dos resultados. Substitua a letra e reinicie o jogo.

Dois: Agitem as palavras

Educar não é encher um balde, mas acender um fogo.
William Butler Yeats

- Objetivo: criar intimidade com o texto.
- Ingredientes: lápis e papéis.

- Como fazer:
Um passo a mais e chegamos à palavra, menor unidade significativa da fala, "um fonema ou grupo de fonemas com uma significação" (Ferreira 1999, p. 1.476). Ou seja, a palavra é um signo criado por nós para ajudar-nos a interpretar o significado das coisas que nos rodeiam. Vamos brincar um pouco com as palavras.

Escreva no quadro uma palavra curta, de duas ou três sílabas. Por exemplo, CASA. Peça aos alunos que a copiem em uma folha na qual já deverá constar o nome deles. A um sinal combinado, cada um deverá, partindo daquela palavra, transformá-la no maior número possível de outras palavras, com a mesma quantidade de sílabas que a palavra matriz, mediante a *alteração das posições de suas letras*, e, ainda, se assim o quiserem, *substituindo* uma de suas letras. Partindo do exemplo dado, teríamos: RASA, SACA, ASAS, CASO, SOCA, FACA, NASA, VASA, ASSA etc.

Terminado o tempo estipulado, faça a apuração. Uma variação desta atividade: divida a turma em times.

....

Três: Combinem as palavras

Eu não invento nada. Eu redescubro.
Auguste Rodin

- Objetivo: criar intimidade com o texto.
- Ingredientes: lápis e papéis.
- Como fazer:
Esta atividade pode ser realizada escrita ou oralmente. Justaponha letras e nascerão palavras; organize-as e terá períodos; ordene os períodos e surgirão os parágrafos. Esse processo é fundamental para o texto escrito. Dirija-se ao aluno sentado à frente da primeira fileira e diga uma palavra. Ele terá o desafio de responder – ou escrever – com uma nova

palavra que rime com aquela que você falou. O segundo colega da mesma fila dirá outra rima e assim por diante. Apesar da vantagem que os colegas sentados mais atrás terão, por terem mais tempo para pensar, as palavras não poderão ser repetidas. Portanto, se os primeiros pronunciarem uma palavra na qual os do fundo porventura já houverem pensado, estes terão que ser hábeis para substituí-la por outra ainda não citada. O jogo reinicia, com outra palavra, sempre que alguém erra na rima ou demora (estabeleça um tempo-limite) para responder.

....
Quatro: Classifiquem as palavras

Criar é ultrapassar-se.
Nietzsche

- Objetivo: criar intimidade com o texto.
- Ingredientes: lápis e papéis.
- Como fazer:

Esta atividade pode ser realizada escrita ou oralmente. Divida a turma em times e peça que cada um eleja um representante para ir à frente. Sorteie entre eles a ordem em que jogarão. Use um *timer* de cozinha ou do seu celular e defina um tempo-limite para o jogo. Pronuncie uma palavra qualquer. A partir desse momento, o aluno escolhido terá o desafio de citar palavras da mesma classe gramatical ou da mesma categoria da que foi mencionada por você, e iniciando com a mesma letra da sua palavra, até que o *timer* dispare. Por exemplo: verbos no infinitivo, com "C"; nomes de cidades, com "S" etc. Somente a equipe do jogador eleito para representar o time poderá contribuir com sugestões, desclassificando-se qualquer outra que dê palpites falsos com a finalidade de atrapalhar o jogador. Conte as palavras válidas e anote-as em um placar feito no quadro. O próximo a jogar saberá que terá que superar o escore anterior e assim por diante. Vencerá o torneio o time do voluntário que citar o maior número de palavras válidas, sem queimar os dedos, é claro!

....
Cinco: Misturem as palavras

A melhor receita para um romance policial é fazer com que o detetive saiba menos que o leitor.
Agatha Christie

■ Objetivo: criar intimidade com o texto.
■ Ingredientes: lápis, papel e fita adesiva.
■ Como fazer:
Divida a turma em grupos de cerca de oito pessoas, em forma de círculos. Cada grupo realizará sua partida em separado. Cada jogador escreverá, num pequeno retângulo de papel, uma palavra de quatro letras, que será afixada, com fita adesiva, na testa do colega à sua direita, cuidando para que este não a veja. O objetivo é que cada um acerte a palavra estampada em sua testa, baseando-se nos palpites que lhe serão dados.
Qualquer um poderá dar início ao jogo, pronunciando uma palavra composta com quatro das letras que estarão estampadas na testa dos colegas, sendo permitido repetir as letras. Entretanto, as palavras que serão pronunciadas não poderão ser repetidas. À medida que forem ditas, vão sendo anotadas para evitar repetições. Cada jogador diz uma palavra, um após o outro, no sentido horário. Vão saindo do jogo os participantes que não mais conseguirem criar nova palavra no tempo estabelecido, mas permanecerão sentados, mantendo a palavra na testa.
Assim que desejar, qualquer jogador, em vez de criar uma nova palavra, poderá arriscar-se a acertar a palavra colada à sua testa,

combinando as palavras e as letras pronunciadas. Será também declarado vencedor se, em seu palpite, estiverem contidas as mesmas letras da palavra que tem na testa, em qualquer ordem. Em caso de acerto, será o grande vitorioso da contenda. Em caso de erro, sairá do jogo, mantendo-se também no círculo.

Seis: Estiquem as palavras

A imaginação desenvolve-se por meio de exercícios e, contrariando o senso comum, é mais poderosa na maturidade que na juventude.
Somerset Maugham

- Objetivo: criar intimidade com o texto.
- Ingredientes: lápis e papéis.
- Como fazer:
Esta atividade pode ser realizada escrita ou oralmente. Mencione uma letra qualquer, dando início a uma futura palavra. O primeiro aluno da primeira fileira terá o desafio de dizer outra letra para continuar formando uma palavra, passando, em seguida, a vez para o próximo colega e assim sucessivamente. Os alunos deverão ficar atentos para não "fechar" a palavra, "esticando-a". Por exemplo, suponhamos que a letra dada por você tenha sido "A". Daí, outras letras foram se agrupando: "M", "O", "R", formando, então, a palavra "AMOR". Os próximos jogadores poderão continuá-la: "AMOR-O-S-O-S". A atividade poderá ser reiniciada com nova letra, sempre que a palavra não oferecer mais nenhuma possibilidade de ser "esticada". Uma variação para turmas mais avançadas: à medida que a palavra for sendo formada ou "esticada", o aluno pode ir dizendo a que classe ela pertence.

Sete: Façam saladas de frases

Você lê e sofre. Você lê e ri. Você lê e engasga.
Você lê e tem arrepios. Você lê, e a sua vida vai
se misturando no que está sendo lido.
Caio Fernando Abreu

- Objetivo: criar intimidade com o texto escrito.
- Ingredientes: lápis e papéis.
- Como fazer:

Peça aos alunos que digam frases que lhes vierem à mente e anote-as no quadro. Quando atingir o número de, digamos, dez, pare. Vamos supor que algumas tenham sido estas:

Que dia maravilhoso!
Estou pensando em um sorvete de chocolate.
Manga com leite pode ser mortal.
As férias estão chegando e ainda não sabemos para onde vamos.
Meu irmão é uma comédia.
Minha melhor amiga me fez uma grande surpresa no domingo passado.
Isso aqui está muito divertido.
Tudo tem início, meio e fim.

Divida a turma em grupos e proponha que eles simplesmente brinquem com essas frases, transcrevendo-as no caderno e fazendo uma verdadeira salada com elas; misturando-as à vontade, usando livremente quantas e quais quiserem, incluindo outras (caso queiram), para surgir dali um texto muito peculiar. Oriente-os a usar quantos elementos de ligação quiserem. Podem, inclusive, atribuir novos sentidos às frases. A criatividade é a senhora desta brincadeira!
Estabeleça um tempo e, ao final deste, recomende que passem a limpo as produções, efetuando as devidas correções ortográficas e gramaticais. Depois disso, organize um momento de socialização dos resultados e prepare-se para as gargalhadas!

Oito: Espichem as frases

*Um escritor original não é aquele que
imita alguém, mas aquele que ninguém
pode imitar.*
François-René de Chateaubriand

- Objetivo: criar intimidade com o texto escrito.
- Ingredientes: lápis e papéis.
- Como fazer:

Entregue uma folha de papel ao primeiro aluno da primeira fila. Solicite-lhe que escreva no alto uma frase qualquer. Feito isso, ele dobrará para trás o pedaço do papel que contém a frase, repetindo a *última palavra* no que agora é o alto da folha; em seguida, passará o papel para o colega da carteira às suas costas. Este, partindo daquela palavra, construirá sua frase, obedecendo ao mesmo procedimento. A atividade assim prossegue até que a folha se acabe. Convide, então, um aluno para proceder à leitura para a turma. Siga o exemplo a seguir. Chame a atenção dos participantes para o inusitado destino que a primeira frase seguiu. Por vezes, algumas combinações até que parecem lógicas.

Ontem fui cortar o cabelo.
CABELO que encontrei na sopa.
SOPA em dia de frio é uma boa escolha.
ESCOLHA, ou eu ou ela.
ELA foi ao *shopping* com o namorado.
NAMORADO bobão.
BOBÃO, babão e babaca.
BABACA é você que me chamou.
CHAMOU, chamou, mas ninguém atendeu ao telefone.
TELEFONE amanhã, por favor!

Nove: Substantivem os sabores

A imaginação regula o mundo.
Napoleão

- Objetivo: criar intimidade com o texto escrito e com a classe gramatical.
- Ingrediente: qualquer objeto da sala de aula (apagador, livro, estojo etc.).
- Como fazer:

Defina substantivo (palavra que dá nome a um ser ou objeto) e substantivo concreto (palavra que dá nome a seres de existência independente, reais ou imaginários) e exemplifique-os. Solicite que seus alunos se disponham em forma de círculo. Faça percorrer, no sentido horário, um objeto qualquer, como o apagador, um livro, uma bolsa de carregar lápis etc. O objeto vai passando de mão em mão, até que, a um sinal seu (palmas, apito, voz etc.), a circulação deverá parar. O aluno que estiver com o objeto na mão nesse momento terá o desafio de citar, por exemplo, dez substantivos concretos de uma mesma categoria escolhida por ele, como dez nomes de cidades, ou pessoas, ou frutas etc., que comecem com uma determinada letra (ou sílaba, dependendo do nível de escolaridade da turma) indicada por você.

Enquanto ele vai cumprindo a tarefa, o objeto continuará a passar de mão em mão. Quando ele disser o último nome, aquele que estiver com o objeto deverá fazer o mesmo. A atividade poderá prosseguir até que você perceba que o interesse por ela está declinando.

Dez: Nomeiem os utensílios

*O que é escrito sem esforço é
geralmente lido sem prazer.*
Samuel Johnson

- Objetivo: criar intimidade com o texto.
- Ingrediente: nenhum.
- Como fazer:

Vamos agora a uma atividade de enriquecimento do repertório vocabular. Caminhe entre as fileiras da sala e vá perguntando, ora a um, ora a outro, por exemplo:

O que tem em uma cozinha sem a letra O?
Como mobiliar uma casa de modo que a mobília não possua a letra B?

O aluno terá que responder de imediato. Não se confundindo, você rapidamente direcionará a pergunta a outro aluno. Assim prosseguirá a atividade, até que alguém se atrapalhe em virtude da exigência de rápido raciocínio e de uma certa qualidade vocabular. Refaça, então, a pergunta, excluindo outra letra da mobília a ser citada por eles.

Para dificultar, numa segunda fase, suprima duas letras da mobília da casa a ser montada.

Onze: Usem ingredientes-surpresa

*Lutar com palavras é a luta mais vã. Entanto
lutamos, mal rompe a manhã.*
Drummond

- Objetivo: aquecer o aluno para o processo criativo do texto.
- Ingredientes: lápis e papéis.

- Como fazer:
Entregue uma folha em branco para o primeiro aluno de cada fileira da sua sala de aula. Solicite que ele escreva na parte superior uma pergunta qualquer, desde que inicie pela expressão *por que*. Por exemplo:

Por que você está triste?

Em seguida, oriente-o a dobrar para trás a área contendo a pergunta e a passar a folha para o colega que se encontra sentado às suas costas. Recomende a este que, por sua vez, crie uma resposta qualquer, iniciando com *porque*, e anote-a onde agora é o alto da folha. Sugira-lhes que busquem respostas criativas, engraçadas ou absurdas. Por exemplo:

Porque passei a noite tossindo.

Peça, então, que dobre a folha novamente, passando-a para trás. O próximo colega fará uma nova pergunta e assim a atividade prosseguirá até que a folha se esgote e resulte completamente dobrada. Nesse momento, convide alguns voluntários a desdobrarem a folha e a realizarem a leitura para toda a turma. Veja o exemplo:

Por que você está tão triste?
Porque passei a noite tossindo.
Por que você usa perfume?
Porque nunca tive sorte.
Por que você é preguiçoso?
Porque gosto das minhas cobertas.
Por que você está bocejando?
Porque me acho muito esperto.
Por que você não veio ontem?
Porque é muito gostooooooso!

Doze: Abusem da criatividade

A pena pode mais que a espada.
Anônimo

- Objetivo: aquecer o aluno para o processo criativo do texto.
- Ingredientes: canetas e papéis.
- Como fazer:

José J. Veiga (*apud* Brait 1985, p. 80), escritor goiano, comentava que "de tanto ver Agatha Christie escrever, o marido dela ficou convencido de que escrever é muito fácil. E contou como ela fazia: punha uma pilha de papel em branco do lado esquerdo da máquina; pegava uma folha, metia na máquina, ia enchendo; quando acabava essa folha, tirava da máquina e punha do lado direito; pegava outra folha do lado esquerdo, enchia, passava para a direita; pegava outra, enchia etc. Quando toda a pilha da esquerda tinha passado para a direita, estava pronto o livro". Respeitado o talento da genial escritora inglesa, esta atividade tem algo a ver com esse comentário.

Disponha a turma em círculo e distribua papéis e canetas para todos. Se possível, coloque uma música de fundo. Peça-lhes que escrevam tudo o que lhes vier à cabeça. Diga-lhes que não se preocupem com a coerência, apenas registrem exatamente o que estiverem pensando naquele momento. Deverão escrever simplesmente, sem parar para pensar no conteúdo. Marque alguns segundos e oriente-os a passar sua folha para o colega da esquerda. Todos continuarão a tarefa na folha que tiverem recebido. Como não poderão parar de escrever, não farão a leitura da folha recebida. Marque outros segundos e repita o processo até que as folhas retornem às mãos de quem as detinha no início da atividade.

Recomende que, ao sinal combinado para indicar a passagem da folha, não poderão acrescentar nada mais, nenhuma frase

ou palavra. Deixarão a folha exatamente como se encontrava quando do seu sinal.
Para finalizar a atividade, solicite leituras em voz alta de alguns dos textos criados.

Treze: Aqueçam a personagem

A linguagem é a roupagem do pensamento.
Samuel Johnson

- Objetivos: aquecer o aluno para o processo criativo do texto e introduzir os princípios da construção de uma personagem.
- Ingredientes: papel e canetas.
- Como fazer:

A palavra *personagem* vem do grego *prosopon*, nome dado à abertura para a boca, nas máscaras teatrais gregas, por onde passava a voz dos atores. A palavra *pessoa* tem a mesma origem. Na prática, *personagem* é o papel que atores e atrizes representam com base na criação de um autor. Uma personagem, como imitação da vida real, tem personalidade, tem comportamentos que a caracterizam, tem biografia. Vamos brincar com essa ideia.

Disponha-os em círculo e entregue-lhes folhas de papel. Nelas, eles deverão anotar características físicas e comportamentais de um(a) colega escolhido(a) por cada um, em um tempo estabelecido por você.

Feito isso, um aluno fará a leitura da biografia que compôs, omitindo o nome do(a) biografado(a). O colega imediatamente à sua esquerda terá direito a três palpites no intuito de acertar quem foi o biografado. Acertando ou errando, este, em seguida, fará a leitura da biografia que redigiu, passando a vez para seu vizinho da esquerda dar seus três palpites.

A atividade prosseguirá nessa dinâmica até que se complete o círculo.

Catorze: Explorem a personagem

"Diz-me o que lês e eu dir-te-ei quem és" é
verdade; mas conhecer-te-ia melhor se me
dissesses o que relês.
François Mauriac

- Objetivos: aquecer o aluno para o processo criativo do texto e introduzir os princípios da construção de uma personagem.
- Ingredientes: lápis e papéis.
- Como fazer:

Machado de Assis (1839-1908) é um dos tantos autores que exercitaram com maestria as narrativas curtas. Nos dias atuais, o mundo da literatura vive o excitante exercício da micronarrativa. E já se alardeiam as nanonarrativas. O que faz muito sentido, pois, mesmo em um mundo tão macro, é pelos micromundos que nos constituímos. Dos microrganismos aos *microchips*, das micro-ondas aos *microblogs*, aqui vamos nós, nessa veloz macronave errante. Os microtextos, além de desafiarem a criatividade do autor, servem-nos como excelente material para a prática literária. Por serem extremamente concisos, dão asas à imaginação do leitor.

Apresente à turma este meu microconto:

> Aquele pai não vestia a camisa da paternidade. Era um pai à paisana. (Miranda 2013, p. 15)

Primeiro, explore a interpretação da história com a turma. Depois, desafie seus alunos a, em grupos, estabelecer: qual é o nome completo desse homem; se ele tem apelido, e, se tiver, qual é essa alcunha; onde ele mora; qual é sua idade; como ele é fisicamente; onde ele trabalha; qual é sua rotina; quantos filhos ele tem e quais seus nomes e suas idades; quem é sua esposa – nome, profissão, idade, descrição física etc. Oriente-os a colocar todas essas informações no papel e depois organize o momento de socialização.

Quinze: Desdobrem as narrativas

*Devemos ler para oferecer à nossa
alma a oportunidade de luxúria.*
Henry Miller

- Objetivos: aquecer o aluno para o processo criativo do texto e introduzir os princípios da construção de uma narrativa.
- Ingredientes: lápis e papéis.
- Como fazer:

Narrativa é a exposição oral ou escrita de um acontecimento. Vamos criar, agora, uma narrativa bastante curiosa. Entregue uma folha de papel dobrada, várias vezes, em tiras para trás, para o primeiro aluno de cada fileira. Oriente-os a começar uma história na primeira dobra, escrevendo apenas uma frase e dobrando-a para trás. Peça-lhes, então, que passem a folha para o colega da carteira às suas costas. Este, por sua vez, continuará a história sem saber o que o colega da frente deixou escrito, isto é, escreverá uma frase que dê continuidade a uma história qualquer, tornando a dobrar a folha para trás e passando-a ao próximo colega. A atividade prosseguirá até que, na última dobra, o aluno escreverá uma frase a título de conclusão da história. Solicite, então, voluntários para fazer a leitura das histórias construídas. Gargalhadas serão inevitáveis.
Acompanhe um exemplo:

Alessandro e Rita estavam brincando no parque.
E o cãozinho que se chama Repolho estava todo animado.
Ele perguntou: – Como serei quando tiver 20 anos?
Coisas lindas de ver são o céu, o mar e as estrelas.
Fazia frio naquela noite de inverno.
Eu e o meu cachorro passeando no parque.
Tem hora que me falta paciência.
A princesa beijou o sapo e então... Para sua surpresa...
É uma tragédia atrás da outra.
Estou bolando de rir até agora.

Dezesseis: Surpreendam a morfologia

> *A gente escreve como quem ama,*
> *ninguém sabe por que ama, a gente*
> *não sabe por que escreve também.*
> Clarice Lispector

- Objetivos: aquecer o aluno para o processo criativo do texto e explorar a morfologia.
- Ingredientes: lápis e papéis.
- Como fazer:

Nesta atividade, percorreremos o processo inverso da análise morfológica. Criaremos frases justapondo elementos da análise morfológica, desconhecendo qual seu termo antecessor e qual seu termo sucessor.

Entregue uma folha para o primeiro aluno de cada fileira. Peça que cada um escreva um artigo no alto da folha, dobre-a para trás e passe-a ao próximo colega de sua fila. A seguir, o aluno que recebeu a folha deverá escrever um adjetivo, o próximo, um substantivo, o outro, um verbo, o seguinte, outro artigo, o que vem a seguir, outro substantivo, e o último, outro adjetivo. Esta brincadeira pode produzir resultados lógicos, sem sentido ou hilários. Como exemplo:

O (artigo)
Bom (adjetivo)
Aluno (substantivo)
Torna (verbo)
A (artigo)
Aula (substantivo)
Interessante (adjetivo)

Você poderá propor, é claro, outras combinações morfológicas. O próximo aluno recomeçará o jogo, tomando nova folha e adotando a mesma estratégia dos anteriores. Encerradas as circulações das folhas, estas serão lidas por voluntários.

Dezessete: Economizem as mensagens

O escritor é senhor e escravo da linguagem.
Karl Bühl

- Objetivos: aquecer o aluno para o processo criativo do texto e explorar a habilidade de síntese.
- Ingredientes: lápis e papéis.
- Como fazer:

O escritor estadunidense Ernest Hemingway (1899-1961) ensinava que o ato de escrever deve ser semelhante ao de elaborar um telegrama quando se tem pouco dinheiro. Ele se referia à economia dos meios narrativos. Vamos brincar um pouco com essa ideia, partindo de um acróstico.

Escolha uma palavra qualquer e a escreva no quadro. Exemplo: *cidadania*. Todos deverão copiá-la numa folha destacada, colocando nela o seu nome. Dado um sinal combinado, cada aluno terá o desafio de escrever um telegrama, usando cada letra da palavra do quadro como iniciais das palavras que utilizará no telegrama. Por exemplo:

<u>C</u>ada <u>I</u>ndivíduo <u>D</u>eve <u>A</u>gir <u>D</u>ando <u>A</u>feição <u>N</u>otória <u>I</u>ncentivando <u>A</u>mor.

Esgotado o tempo, recolha as folhas e convide alguns alunos para efetuar a leitura dos textos.

Dezoito: Sejam as celebridades

Os sonhos são a literatura do sono.
Jean Cocteau

- Objetivos: descontrair e relaxar como preparo para as atividades vindouras.

- Ingredientes: lápis e papéis.
- Como fazer:
Entregue uma folha para cada aluno e peça-lhes que escrevam seu nome no alto, contornando-o com um retângulo. Diga que, a partir desse momento, todos passam a ser celebridades nacionais e internacionais.

Estabeleça um tempo curto para a duração da atividade, digamos dois minutos. Ao seu sinal, todos deverão sair, apressadamente, em busca dos autógrafos dos demais colegas, agora renomados. Os autógrafos deverão ser legíveis e não poderão ter a forma de rubricas, mas sim o primeiro nome por extenso. Caso haja homônimos, estes deverão assinar seus dois primeiros nomes. Chame a atenção dos alunos para o fato de que eles terão de realizar duas tarefas paralelas: pedir autógrafos aos colegas e assinar as folhas dos colegas que lhes pedirem autógrafos. É importante deixá-los cientes de que assinaturas repetidas não serão contadas; cada pessoa, portanto, só poderá autografar uma vez cada folha.

Avise-os de que, ao final do tempo estipulado, você apitará e todos deverão ter em mãos sua própria folha. Caso contrário, esta não entrará no cômputo final do jogo. Encerrado o tempo, recolha as folhas e faça a apuração do jogo. Descarte autógrafos ilegíveis e também os repetidos. O nome do dono da folha estará destacado com o retângulo exatamente para não ser confundido com os autógrafos. Esse nome não será incluído na apuração. Declare vencedor o aluno que tiver conseguido recolher o maior número de assinaturas, conforme a regra da atividade.

....

Dezenove: Temperem com figuras de linguagem

Professores abrem a porta, mas você
deve entrar por si mesmo.
Frederick William Robertson

- Objetivos: aquecer o aluno para o processo criativo do texto e introduzir as figuras de linguagem.
- Ingredientes: lápis e papéis.
- Como fazer:

As figuras de linguagem são recursos do texto literário que enriquecem a narrativa e dão a ela um toque especial. Mas isso nós abordaremos mais à frente, quando estivermos criando o texto literário. Por ora, voltemos ao aquecimento.

Principie definindo algumas das figuras de linguagem, a exemplo destas:

- *Comparação*: Atribui-se a um ser características presentes em outro por haver entre os dois certa semelhança. Nessa figura de linguagem, os dois termos aparecem explicitamente unidos por nexos comparativos. Exemplo: "Teus olhos são escuros e traiçoeiros como um turvo rio".
- *Metáfora*: Emprega-se uma palavra em um sentido diferente de seu sentido comum. Tal emprego se dá por meio de uma comparação implícita, subentendida. Exemplo: "Teus olhos são um turvo rio".
- *Sinestesia*: Transferem-se percepções da esfera de um sentido para a esfera de outro sentido, o que resulta em uma fusão de impressões sensoriais. Exemplos: "olhos turvos" (percepção visual que evoca uma imagem), "olhar amarelado" (percepção visual que evoca uma cor), "sibilo do vento", "buzina fanhosa" etc.
- *Prosopopeia*: Figura pela qual se dá vida e, pois, ação, movimento e voz a coisas inanimadas. Exemplos: "O vento murmurava em seu ouvido", "O rio contemplava seus olhos turvos", "O mar tranquilo e sereno".

Na segunda etapa, divida a turma em dois times. Estabeleça um tempo e oriente as equipes a criar o maior número de exemplos relacionados a cada uma das figuras de linguagem sugeridas. Será computado *um ponto* a cada exemplo criado, *dois pontos* a cada figura com maior número de exemplos e *três pontos* extras a cada grupo que totalizar o maior número de exemplos. Recolha o material produzido e faça a contagem, deixando claro, porém, que esse resultado é parcial e será adicionado ao resultado da terceira etapa.

Na terceira etapa, solicite que os dois times se organizem, sentados, em colunas. Chame à frente os dois alunos que as encabeçam e leia ao pé do ouvido de cada um qualquer uma das frases recolhidas na etapa anterior. Ambos retornarão às suas respectivas colunas, sentar-se-ão e retransmitirão a frase no ouvido do segundo colega. Este a repassará, da mesma forma, para o terceiro e assim por diante. O último jogador de cada coluna deverá escrever a frase tal qual a ouviu e entregá-la imediatamente a você. Infrações como falar alto, saltar jogadores com o intuito de encurtar o caminho ou levantar-se das cadeiras provocarão a desclassificação da equipe naquela rodada, atribuindo-se *um ponto* à equipe adversária (caso esta entregue a mensagem tal qual você a pronunciou). Se ambos os times entregarem a frase escrita, será pontuado aquele que primeiro tiver feito a frase chegar às suas mãos. Essa terceira e última etapa poderá ter cinco ou seis rodadas. Você estabelecerá que a partida terminará quando um dos times atingir um escore mínimo de pontos, somando-se as duas etapas. O objetivo é demonstrar como a mensagem oral é fluida e nem sempre confiável, ao passo que a linguagem escrita é perene e segura. Não é à toa que, vez por outra, diante da desconfiança em relação a algum fato, indagamos: "Onde está escrito isso?".

Vinte: Saboreiem a narrativa coletiva

Somos o resultado dos livros que lemos, das viagens que fazemos e das pessoas que amamos...
Airton Ortiz

■ Objetivos: aquecer o aluno para o processo criativo do texto e introduzir os princípios das construções de uma narrativa.

- Ingredientes: lápis e papéis.
- Como fazer:

Na primeira etapa, divida a turma em times de sete alunos sentados em círculo e entregue uma folha em branco para cada time. Oriente-os a anotar o que for sendo pedido por você. Solicite a presença de um voluntário de cada time, para dar início ao jogo. Comece pedindo a quem estiver de posse da folha que escreva no alto o *nome de um homem*, dobrando a folha para trás e entregando-a ao colega à esquerda. Este deverá escrever o *nome de uma mulher*, também dobrando a folha para trás.

Peça, então, que anotem o *nome de um lugar*, dobrando também a folha e passando-a ao colega da esquerda.

Agora deverão responder à pergunta: *Fazendo o quê?* – procedendo da mesma forma.

Na sequência, darão resposta a uma outra pergunta: *Em que dia da semana?* – percorrendo mais uma vez o mesmo caminho.

A próxima pergunta é: *A que horas?* – outra vez dobrando a folha e passando-a adiante.

A nova pergunta é: *Por que motivo?* – finalizando, assim, a passagem da folha.

Na segunda etapa, os times abrirão as folhas e, por meio do trabalho coletivo, vão transformar aquela sequência em uma narrativa, incluindo, entre esses dados, elementos de ligação (artigos, preposições, conjunções etc.) que deem sentido a ela. Acompanhe os exemplos. Este foi o resultado da primeira etapa:

ANTÔNIO
MÁRCIA
SHOPPING
ESTUDAR
SEXTA-FEIRA
MEIA-NOITE
ESTAVAM REVOLTADOS

Uma possibilidade para a segunda etapa pode ser esta:
"Antônio e Márcia foram para o *shopping* estudar na sexta-feira à meia-noite porque estavam revoltados".

Vinte e um: Imaginem o que fazer

*De todos os que preenchem nossa
solidão, são os livros os mais
anárquicos, os mais instigantes. Leia, e
seu silêncio ganhará voz.*
Martha Medeiros

- Objetivo: aquecer o aluno para o processo criativo do texto escrito.
- Ingredientes: lápis e papéis.
- Como fazer:

Coloque a turma sentada em círculo e entregue a cada aluno uma folha de papel. Peça-lhes que escrevam a frase "*O que você faria se...*", completando-a em forma de pergunta. Estimule-os a elaborar uma pergunta criativa, original. Estabeleça um tempo para essa etapa. Assim que todos tiverem concluído a tarefa, cada um deverá passar sua folha ao colega à direita. Eles terão, agora, de dar uma resposta à pergunta que lhes tenha chegado. Estabeleça, novamente, um tempo para isso. Depois, oriente-os a redistribuir as folhas, aleatoriamente. Convide um participante para dar início ao jogo, lendo em voz alta a pergunta que consta em sua folha. O colega à sua esquerda lerá, por sua vez, a resposta contida em sua folha. Este dará continuidade, lendo sua pergunta; o amigo da esquerda lerá sua resposta e assim por diante. Gargalhadas serão inevitáveis, em virtude das mais hilariantes combinações que surgirão.

Vinte e dois: Devorem o dicionário

*Uma forma para alcançar a celebridade
pode ser esta: expressar ideias sensíveis
com clareza, engenhosidade e cortesia.*
André Maurois

- Objetivos: aquecer o aluno para o processo criativo do texto e ampliar o vocabulário.
- Ingredientes: dicionários, lápis e papéis.
- Como fazer:

De posse de um dicionário, conceitue, comente e demonstre alguns verbetes: "Na organização dum dicionário, glossário, ou enciclopédia, o conjunto das acepções e exemplos respeitantes a um vocábulo" (Ferreira 1999, p. 2.059). Discorra a respeito do valor do dicionário para nossa cultura e como fonte de conhecimento.

Divida a turma em grupos de cerca de oito pessoas, em círculos. Oriente-os a recortar diversos retângulos de papel, mantendo-os sobre as carteiras. O voluntário de cada grupo terá nas mãos um dicionário e dará início ao jogo, selecionando e verbalizando para a turma uma palavra cuja definição ele julgue de difícil conhecimento. Os demais a copiarão em um retângulo de papel e, estipulado um tempo, deverão – cada um – inventar um significado para ela, imitando a linguagem usada pelos dicionários. O voluntário, no seu retângulo, transcreverá o significado real da palavra selecionada, tal qual consta no dicionário.

Vencida essa etapa, o voluntário recolherá todos os papéis, embaralhando-os com o seu. Depois, fará a leitura de cada uma das definições ali contidas, numerando cada um dos papéis e dispondo-os, virados para baixo, sobre sua carteira. Cada jogador, então, anotará em outra papeleta o número correspondente à definição que acredita ser a verdadeira.

Observação importante: todos votarão ao mesmo tempo, para que ninguém seja influenciado pela opinião do outro. Após recolhidos os votos, o voluntário – o único que não terá participado da escolha – revelará o verbete verdadeiro. Alguém registrará em um placar a pontuação do jogo: serão creditados *dois pontos* a cada participante que tiver acertado o verdadeiro verbete e *um ponto* a cada aluno que tiver obtido voto na sua definição, ainda que errônea. O voluntário, por sua vez, receberá *dois pontos* se não houver voto no verdadeiro verbete. Para a segunda rodada, entrega-se o dicionário para o colega imediatamente à esquerda do que fez as vezes de voluntário, e este repetirá todo o processo. O jogo terá tantas rodadas quantos forem os jogadores, cada um recomeçando no papel de voluntário. Após a última rodada, os grupos farão a totalização dos placares.

Pratos principais

Produções criativas avançadas

Trata-se de produções planejadas para uma aproximação definitiva do preparo dos sabores, manipulando ingredientes relacionados a textos literários e não literários.

Antes de iniciarmos este segundo bloco, esclareçamos que lidaremos com duas espécies de textos: o literário, no qual se inserem o conto, a crônica e a poesia; e o não literário, do qual fazem parte o texto técnico, o jornalístico, o científico etc. Sempre que for solicitada a criação de *texto literário*, em prosa ou verso, recomende ao aluno buscar temperá-lo com sentimentos de beleza, de sensibilidade artística e de lirismo. A lógica pode existir, mas não é determinante. A conotação, o efeito subjetivo da palavra e as figuras de linguagem serão recursos prodigiosos. Quando a atividade propuser um texto *não literário*, o aluno procurará condimentá-lo com a objetividade da abordagem. A lógica e a denotação, nesta atividade, são elementos determinantes. Um recurso altamente válido para a produção do texto não literário é pesquisar um pouco sobre o tema proposto.

Vinte e três: Tietem a personagem

*Cada vez que um livro troca de mãos,
cada vez que alguém passa os olhos
pelas suas páginas, seu espírito cresce e
a pessoa se fortalece.*
Carlos Ruiz Zafón

- Objetivo: aquecer o aluno para o processo criativo do texto.
- Ingredientes: lápis e papéis.
- Como fazer:
A turma deverá escrever a uma celebridade, no gênero que preferir. A surpresa virá quando você lhes disser que essa personagem não é inalcançável, ou seja, ela responde às correspondências que lhe chegam. Cada um escolherá, então, um colega, que passará a simbolizar uma grande celebridade no campo das artes, ou dos esportes, ou da política etc., mantendo, porém, seu nome original. Sabendo, pois, o que essa celebridade faz, os alunos deduzirão quais assuntos devem abordar em seu escrito. Oriente-os a fazer apenas perguntas e sugestões sobre determinado aspecto da atividade principal da celebridade para dar condições a esta de lhes responder. Isso mesmo: a segunda parte da brincadeira será a resposta da personagem para eles.
Ao final das duas etapas, abra espaço para que façam as leituras das correspondências enviadas e das recebidas. Pergunte a quem redigiu a carta como foi a experiência de escrever àquela pessoa célebre. E vice-versa, ou seja, pergunte à celebridade o que achou de receber as cartas e principalmente de responder a todas.

Vinte e quatro: Apimentem os vocabulários

As palavras voam, os escritos ficam.
Provérbio romano

- Objetivo: ampliar vocabulários.
- Ingredientes: dicionários, lápis e papéis.
- Como fazer:

Retire do dicionário cerca de 20 palavras de raro uso cotidiano ou siga as sugestões dadas mais à frente. Escreva-as no quadro, sem os seus significados. Solicite que a turma as transcreva no caderno e *imagine* que significado elas possuem, tendo por base, por exemplo, sua fonética. Isto é, eles deverão *atribuir, criar* um significado para cada uma delas, embora não as conheçam, e anotá-lo à frente, tentando estabelecer, por exemplo, uma relação de semelhança com os sons.

O próximo passo é pedir aos alunos que criem uma pequena narrativa, em texto literário ou não, de 10 a 15 linhas, incluindo algumas das palavras que geraram o *dicionário* que acabaram de inventar e sublinhando-as. Deixe-os livres para escolher o tema e o gênero. Poderão optar por uma notícia de jornal, um bilhete a um amigo, um fato ocorrido ou fictício, uma declaração de amor etc.

Estabeleça um tempo para a realização dessa etapa, ao fim do qual solicite que sejam feitas algumas leituras dos textos produzidos. Chame a atenção dos alunos para a estranheza desses textos. Eis um exemplo obtido por mim em uma oficina:

> Quando Clara chegou à sala semiescura, notou em sua planta preferida um inseto dividido ao meio, na altura do *fulvo*. Ela retirou o bicho, pegou o *jarrete* com água e molhou a planta. De repente, a dúvida: aquele inseto, antes ignorado, seria a *busílis* violeta que a *lupanar* as asas alegrava as tardes de sua vida? Sentou-se, então. Levou as mãos à *oblata* que estava na mesa e começou a pintar o inseto com cor violeta, como a prestar uma homenagem póstuma. O remorso era tão grande que não hesitaria em procurar um *sotopor* para receber a absolvição. (Autora: Cleane Ferreira)

Feito isso, revele o real significado das palavras do quadro e peça que eles o anotem no caderno. Em seguida, solicite que reescrevam a narrativa, tão somente substituindo as palavras sublinhadas por seus verdadeiros significados, mantendo-as sublinhadas. Em seguida, torne a solicitar algumas leituras em voz alta, pedindo que se atentem ao sentido que o texto passou a ter. Risos serão inevitáveis. Veja como ficou o texto do exemplo anterior:

> Quando Clara chegou à sala semiescura, notou em sua planta preferida um inseto dividido ao meio, na altura do *alourado*. Ela retirou o bicho, pegou a *parte da perna que fica atrás da articulação do joelho* com água e molhou a planta. De repente, a dúvida: aquele inseto, antes ignorado, seria o *ponto principal da dificuldade de resolver uma coisa* violeta que o *prostíbulo* as asas alegrava as tardes de sua vida? Sentou-se, então. Levou as mãos à *oferta piedosa* que estava na mesa e começou a pintar o inseto com cor violeta, como a prestar uma homenagem póstuma. O remorso era tão grande que não hesitaria em procurar um *por baixo* para receber a absolvição. (Autora: Cleane Ferreira)

Sugestões de vocabulário colhidas do *Novo Aurélio século XXI* (Ferreira 1999):

Algaravia: Linguagem confusa.
Busílis: Ponto principal da dificuldade em resolver uma coisa.
Cabriola: Zoada.
Contumélia: Injúria.
Durindana: Espada.
Estro: Inspiração.
Fulvo: Alourado.
Haríolo: Adivinho.
Jarrete: Parte da perna que fica atrás da articulação do joelho.
Jucundo: Alegre.
Mussitar: Murmurar.
Nuga: Ninharia, bagatela.
Oblata: Oferta piedosa.
Pacóvio: Idiota.
Ramerrão: Rotina.
Sáfaro: Estéril.
Sotopor: Pôr por baixo.
Vestuto: Muito velho.
Zurrapa: Vinho estragado.

Vinte e cinco: Brinquem com a personagem

*Um aspecto essencial da criatividade é
não temer o fracasso.*
Edwin Land

- Objetivo: exercitar a construção da personagem.
- Ingredientes: lápis e papéis.
- Como fazer:

No texto literário, personagens não são pessoas; elas *representam* pessoas. No teatro, o ator representa uma personagem, que, por sua vez, representa uma pessoa. O ator não representa uma pessoa, e sim uma personagem. Criar uma personagem é dar vida e alma a um ser fictício. Vamos, agora, criar uma personagem atípica.

Peça a seus alunos que registrem no caderno respostas às perguntas que você vai fazer. Eles deverão numerar essas respostas de 1 a 12 (não escreverão as perguntas; tão somente as respostas). Sugira que busquem fugir do comum, que abusem da criatividade, do não usual.

Escrevam um nome de pessoa, homem ou mulher.
Escrevam uma idade qualquer.
Escrevam o nome de um lugar distante.
Anotem um espaço de tempo, sejam segundos, horas, dias, meses; sejam anos, décadas, séculos etc.
Escrevam um número qualquer.
Escrevam um desejo qualquer, seu ou fictício.
Escrevam a palavra SIM ou a palavra NÃO.
Escolham uma cor.
Escrevam um hábito que classificam como defeito.
Escrevam certo valor em dinheiro.
Escrevam o nome de um filme.
Escrevam o nome de um lugar muito próximo.

Feito isso, de posse da lista de respostas, cada um vai escrever, à frente de cada item, uma nova e surpreendente pergunta feita por você. Aqui estão:

Qual o nome do(a) seu(sua) novo(a) amigo(a)?
Onde se encontraram pela primeira vez?
Que idade ele(a) tem?
Quanto tempo faz que se conhecem?
Qual o número do calçado dele(a)?
Qual o maior desejo dele(a)?
É bonito(a) e inteligente?
Qual a cor dos seus olhos?
Qual o seu maior defeito?
Quanto dinheiro ele(a) levará para lancharem no *shopping*?
A qual filme vão assistir depois do lanche?
Depois do *shopping*, vocês vão para onde?

Gargalhadas invadirão a sala ao associarem as perguntas às respostas anteriormente dadas. Peça, então, que transformem esse roteiro em um texto literário: conto, crônica ou poesia. Veja o exemplo obtido em uma oficina que conduzi:

Salomé – O nome da minha nova amiga.
Marte – Onde nos encontramos pela primeira vez.
100 anos – A idade dela.
Cinco dias – O tempo que faz que nos conhecemos.
12 – O número do tênis dela.
Ser artista de cinema – O desejo dela.
Não – É bonita e inteligente?
Vermelho – A cor dos seus olhos.
Enfiar o dedo no nariz – Seu maior defeito.
Cinco reais – O dinheiro que tem para lancharmos no *shopping*.
Homem Formiga – O filme a que iremos assistir.
Pátio da escola – Para onde iremos depois do *shopping*.

Narrativa construída pelo aluno:

Salomé é minha noiva. Esta é nossa história: nos encontramos pela primeira vez no planeta Marte. Mas ela não me disse que tinha 100 anos, juro que não parecia. Nos conhecemos há cinco dias, naquele planeta frio. Ela calçava número 12, que pezinho estranho para sonhar ser artista de cinema... Além do mais, ela não era bonita, nem inteligente. Mas seus olhos vermelhos me encantavam, apesar do feio hábito de enfiar o dedo no nariz. Meu mundo desabou quando ela disse que tinha cinco reais para lancharmos no *shopping* e ainda assistirmos ao *Homem Formiga* no cinema. E a maior surpresa foi irmos curtir o pátio da escola depois do *shopping*. Também, com tão pouco dinheiro... (Autor: Alessandro Silva)

....

Vinte e seis: Decifrem a galinha

Apenas o talento não faz um escritor. Por trás do livro deve existir um ser humano.
Ralph Waldo Emerson

- Objetivo: exercitar a escrita criativa.
- Ingredientes: lápis e papéis.
- Como fazer:

Agrupe a turma em times e distribua, ou escreva no quadro, o texto "Por escrito gallina una", do criativo autor argentino Julio Cortázar (1914-1984), com minha tradução livre:

POR ESCRITO GALINHA UMA
Conosco O que é Rapidamente passa surpreendente. tomamos hurra! posse do inofensivo mundo, Era aparentemente lançado americanos um foguete pelos no Cabo Por razões Canaveral. desconhecidas da órbita e provavelmente se desviou algo invisível ao roçar voltou à terra. paf!, De repente, entramos em nossas cristas e rapidamente golpeou processo de mutação. Estamos para a literatura, aprendendo a tabuada nos tornamos de multiplicar, superdotadas, história, um desastre até agora, química têm sido um pouco menos, esportes mas não importa: das será galinhas!! o cosmos. (Cortázar 1967, p. 77)

Estabeleça um tempo para que, trabalhando coletivamente, cada time reorganize o texto, trazendo às claras qual fato está sendo narrado por Cortázar. Ofereça-lhes duas pistas:

1. As palavras começadas por maiúsculas são sugestões para inícios de frases.
2. Recomenda-se que o posicionamento das vírgulas e dos pontos seja mantido após cada palavra do texto embaralhado.

Esgotado o tempo, recolha os trabalhos e selecione aquele (ou aqueles) que melhor esclareça(m) o ocorrido. Aí vai o gabarito, mas eles podem reorganizá-lo livre e criativamente.

> ESCRITO POR UMA GALINHA
> O que passa conosco é surpreendente. Rapidamente tomamos posse do mundo, hurra! Era aparentemente um inofensivo foguete lançado pelos americanos no Cabo Canaveral. Por razões desconhecidas se desviou da órbita e provavelmente ao roçar algo invisível voltou à terra. De repente, paf!, golpeou nossas cristas e rapidamente entramos em processo de mutação. Estamos aprendendo a tabuada de multiplicar, nos tornamos superdotadas para a literatura, história, química um pouco menos, esportes têm sido um desastre até agora, mas não importa: o cosmos será das galinhas!!

....
Vinte e sete: Provem neologismos

*Um professor é alguém que toma sua
mão, abre sua mente e toca seu coração.*
Henry Adams

■ Objetivo: exercitar a produção de neologismos.
■ Ingredientes: lápis e papéis.
■ Como fazer:
Inicie a aula definindo "neologismo": "Palavra, frase ou expressão nova, ou palavra antiga com um sentido novo" (Ferreira 1999, p. 1.402), exemplificando. Apresente o texto "Correspondência", de Millôr Fernandes, sugerido a seguir:

Aquele rapazinho escreveu esta carta para o irmão:
Querido mano, ontem futebolei bastante, com uns amigos. Depois nos divertimos montanhando até que o dia anoitou. Então desmontanhamos, nos amesamos, sopamos, arrozamos, bifamos, ensopadamos e cafezamos. Em seguida varandamos. No dia seguinte cavalamos muito.
Abraços do irmão,
Maninho.

E o irmão respondeu:
Maninho,
Ontem livrei-me pela manhã, à tarde cinemei e à noite, com papai e mamãe, teatramos. Hoje colegiei, ao meio-dia me leitei e às três papelei-me e canetei-me para escriturar-te. E paragrafei finalmente aqui porque é hora de adeusar-te pois inda tenho que correirar esta carta para ti e os relógios já estão cincando.
De teu irmão,
Fratelo.

(Fernandes 1972, p. 232)

Pegando carona no texto para trabalhar os gêneros textuais "carta" e "bilhete", agrupe a turma em duplas e peça ao aluno "A" que escreva um bilhete para o aluno "B" e vice-versa, permeando os textos de neologismos. Destaque o fato de Millôr haver convertido substantivos em verbos, apresentando-lhes o desafio criativo de fazer o mesmo!
Veja exemplo colhido em uma oficina que realizei:

Marisa para Rosália

Querida Rosália, ruei-me logo cedo, logo depois de sucar um copo de laranja. Logo papelariei-me para tintar as cores de colorar os desenhos que amanhã vamos escolar. Mas, não havia o que tintar. Assinado: Marisa.

Rosália para Marisa

Amiga Marisinha, então essa é a razão para você se tristar? Amanhã depois que lanchonetizarmos, onibusaremos para o centro e papelariaremos em mais lugares. E volte logo a sorrisar.
Rosália.

Oriente-os a socializar suas produções com os colegas. Muitas risadas preencherão sua sala! Comente o desenvolvimento do trabalho.

•••••••••••••••••••••••••••••••••••
Vinte e oito: Reaqueçam contos

Escrevo porque senão estaria morto. Escrevo
para buscar o sentimento da existência.
Ernesto Sábato

- Objetivo: exercitar a produção de conto criativo.
- Ingredientes: lápis e papéis.
- Como fazer:

Definir conto é realmente uma tarefa controversa. São tantas as vertentes que buscam clarear sua conceituação que até o modernista Mário de Andrade (2002, p. 9) já havia radicalizado ao afirmar, categórico, que "conto é tudo aquilo que o autor chamar de conto". Mas, claro, precisamos ter algum norte para trabalharmos com o conto. É sabido, por exemplo, que uma das características básicas do conto é a economia dos meios narrativos. Ou seja, a concisão do relato dos acontecimentos. Como diz Gotlib (1985, p. 34), "conseguir o máximo de efeito, com o mínimo de meios. Tudo o que não estiver relacionado com efeito para conquistar o interesse do leitor deve ser suprimido". Gosto, também, quando o argentino Julio Cortázar (1914-1984) diz que o conto precisa ter a clara intenção de dominar o leitor. Agora vamos esmiuçar o trecho de um conto bem diferente. Distribua o texto a seguir.

CIRCUITO FECHADO 1
Chinelos, vaso, descarga. Pia, sabonete. Água. Escova, creme dental. Creme para cabelo, pente. Cueca, camisa, calça, meias, sapatos. Carteira, documentos, canetas, chaves. Mesa, cadeiras, xícara e pires, prato. Pasta, carro. Mesa, cadeira, papéis, telefone,

agenda, copo com lápis, canetas, bloco de notas, pastas, vaso com plantas, papéis. Bandeja, xícara pequena. Papéis, telefone, relatórios, cartas, memorandos, bilhetes, telefone, papéis. Relógio. Mictório, pia, água. Táxi. Mesa, toalha, cadeiras, copos, pratos, talheres, guardanapo, xícara. Escova de dentes, pasta, água. Cueca, pijama. Coberta, cama, travesseiro. (Ramos 1978, pp. 21-22)

Solicite que leiam cuidadosamente o texto e atentem para suas peculiaridades: a construção fragmentada e a presença exclusiva de substantivos. Em seguida, peça que reescrevam o texto, desfragmentando-o, inserindo outros recursos gramaticais e construindo frases, orações, períodos.
Veja o exemplo neste trecho realizado em uma oficina que conduzi:

Acordei e logo fui calçando os chinelos. Fui ao banheiro, dei descarga no vaso, abri a torneira, lavei as mãos e escovei os dentes. Voltei ao quarto. Vesti a cueca, a camisa, a calça e as meias. Calcei os sapatos, enfiei a carteira no bolso da calça, conferi os documentos e coloquei uma caneta no bolso da camisa. Quase esqueci das chaves. Puxei uma cadeira e pus o café na xícara. (...)
(Autor: Francisco José)

···
Vinte e nove: Renovem contos

Façamos sempre contos. O tempo passa e o conto da vida se completa sem disso nos darmos conta.
Diderot

- Objetivo: exercitar a releitura de contos clássicos.
- Ingredientes: lápis e papéis.
- Como fazer:
Gotlib (1985) relata que Horácio Quiroga (1878-1937), escritor uruguaio de contos fantásticos, ensinava a começar o conto com as "velhas fórmulas abandonadas", como "era uma

formosa noite de primavera" e "era uma vez...", pois, segundo ele, são as mais eficientes, se o que vem depois é bom. Está aí uma hipótese acerca da eternidade dos contos maravilhosos que atravessaram gerações e continuam pulsantes na nossa época, convivendo com o mundo tecnológico e resistindo a ele.

Peça aos alunos que procurem relembrar contos infantis ou fábulas famosas. Aproveite para definir "fábula", narrativa simbólica na qual as personagens normalmente adquirem formas animais, agindo como seres humanos, cujo final traz sempre uma mensagem moral.

A tarefa será recontar o conto, trazendo a narrativa para os nossos dias. Veja um resultado colhido em uma oficina minha:

> A GATA BORRALHEIRA DOS DIAS ATUAIS
> – Ah, que vida horrorosa! Nesta casa não tem lava-louças, lava-roupas, micro-ondas, *freezer*... Ô, atraso de vida! Preciso de um aspirador de pó; varrer tapete com vassoura não é comigo! – protestava a Gata Borralheira.
> – Hoje haverá uma festa de arromba na mansão do deputado. O filho dele chegou esta semana do exterior e parece interessado em se casar... – disse uma das filhas da madrasta.
> – Borralheira, vá buscar na lavanderia aquele conjuntinho de couro que a mamãe trouxe de Nova York – apareceu a outra irmã, dando ordens.
> – Antes, vá à butique e traga aquela blusinha que separei, e não se esqueça de lavar e trocar o óleo da minha SUV; não podemos chegar na festa com o carro nesse estado.
> Borralheira trabalhou até a morte e não houve tempo para se arrumar e ir à festa. Todos saíram. De repente, quem surge? Sua fada madrinha.
> – Oi, Borralheira, você gostaria de ir à festa? Com o meu *notebook* de última geração, podemos providenciar tudo.
> As coisas foram se transformando ao comando do computador. A lata de salsicha virou um carro de luxo e Borralheira converteu-se em uma linda Cinderela, vestida com uma roupa de grife. E lá se foram para a balada. (Autora: Anna Lúcia)

Organize uma exposição dos trabalhos na sala de aula ou no pátio da escola.

Trinta: Prossigam a narrativa

*No processo criativo a única coisa
difícil é o começo.*
James Russell Lowell

- Objetivo: exercitar técnicas de narrativas.
- Ingredientes: lápis e papéis.
- Como fazer:

Disponha os alunos em círculo, sente-se com eles, enumere-os na ordem crescente e explique a eles que esta atividade será dividida em duas etapas, pela ordem: oral e escrita. Recorde com eles as regras fundamentais da narrativa e dê exemplos:

Introdução – (Exemplo: Era uma vez...)
Desenvolvimento – (Exemplo: Então, nesse momento...)
Conclusão – (Exemplo: E viveram felizes para sempre.)

Organize a turma de tal modo que os *cinco* primeiros colegas do círculo fiquem responsáveis pela construção da *introdução*; os *cinco* últimos, pela *conclusão*, e os que restarem nesse intervalo, por dar *desenvolvimento* à narrativa. Diga-lhes que você vai principiar a atividade, inventando oralmente uma história. Ou seja, você realizará os primeiros passos da *introdução* e o aluno à sua esquerda continuará a narrá-la, também oralmente. Este, após sua contribuição, passará a vez ao próximo colega.

A atividade assim prossegue, até que alcance a "região" que fará a *conclusão*. Sugira-lhes que deem uma cadência à finalização da história, isto é, uma certa gradação até que o último colega realmente "mate" a narrativa.

Vencida essa fase, cada aluno terá o desafio de transferir para o papel a história que acabou de ser criada pelo coletivo. Estabeleça um tempo, recolha os trabalhos e avalie a atividade. Vez por outra me perguntam que tamanho devem ter a introdução e a conclusão de uma narrativa. Costumo dizer que não é preciso haver uma regra que defina isso, mas faço um paralelo entre o corpo humano e o corpo da narrativa: a cabeça é a introdução; os pés, a conclusão. O que se intercalar é o desenvolvimento. Tome essas proporções como experiência.

....
Trinta e um: Salpiquem poemas dadaístas

> *A pintura é a poesia muda, e a poesia,*
> *a pintura que fala.*
> Provérbio grego

- Objetivo: exercitar a produção criativa de poemas.
- Ingredientes: tesouras, colas, jornais, revistas, papel e lápis.
- Como fazer:

O dadaísmo surgiu em 1916 como um movimento de vanguarda literária na Europa e vingou por cinco anos. Idealizado pelo poeta romeno Tristan Tzara (1896-1963), condicionava o processo de criação literária a uma faculdade do subconsciente do autor. A própria palavra que dava nome ao movimento, Dadá, não tem nenhum significado lógico. Vamos brincar com essa provocação? Já tendo solicitado que trouxessem tesouras, colas, jornais e revistas, divida-os em grupos e peça-lhes que, nesse primeiro momento, recortem palavras e/ou frases à vontade. Feito isso, misture o resultado do trabalho de cada grupo com todos os demais. Com a ajuda dos alunos, divida novamente os recortes entre os grupos. Assim como a técnica do mosaico, os grupos terão o desafio de criar "poemas", justapondo e colando os recortes em forma de versos e estrofes, de modo livre. Para o acabamento, peça que eles sugiram a pontuação para o texto recém-nascido.

Esgotado o tempo estabelecido, recolha os trabalhos, avalie-os e divulgue-os. Certamente, você vai se admirar com alguns deles. Acompanhe um exemplo obtido em uma oficina minha:

AMAR – PRESENTE – LATITUDE – SUFICIENTE – ENLEIO –
ÍNFIMA PARTE
DE QUE – UM – É FEITO – MINHA CULPA – AMANHÃ –
DILACERA – RESPONDEU – AINDA É A MESMA – AGONIA E
ESPANTO – OS ÓCULOS
PARA ELA – É A VIDA – TAMBÉM – POBRES FEIÇÕES – A RUA –
A PRÓPRIA SOLIDÃO

Após a aplicação da pontuação e da versificação, o *poema* poderia alcançar este resultado:

AMAR: PRESENTE, LATITUDE SUFICIENTE.
ENLEIO: ÍNFIMA PARTE
DE QUE UM É FEITO.
MINHA CULPA, AMANHÃ DILACERA.
RESPONDEU: AINDA É A MESMA
AGONIA E ESPANTO. OS ÓCULOS PARA ELA
É A VIDA TAMBÉM.
POBRES FEIÇÕES, A RUA,
A PRÓPRIA SOLIDÃO.

Trinta e dois: Esquadrinhem histórias em quadrinhos

Uma mente necessita de livros da mesma forma que uma espada necessita de uma pedra de amolar para se manter afiada.
George R.R. Martin

- Objetivo: exercitar releituras de histórias em quadrinhos.
- Ingredientes: revistas em quadrinhos, tesoura, cola, lápis e papéis.
- Como fazer:
  Peça-lhes que recortem diferentes personagens de diversas revistas em quadrinhos, deixando essas gravuras sobre suas

carteiras. Quando todos tiverem concluído essa etapa, peça-lhes que criem uma história envolvendo as personagens escolhidas; as histórias podem ter balões com texto (caso as crianças já escrevam) ou não. Elas devem montar e colar os recortes sobre o papel, dando sequência à história. Sugira-lhes que as narrativas tenham começo, meio e fim. Para dar acabamento primoroso, oriente-os a desenhar e a colorir os cenários. Vale também produzir colagens para a produção dos cenários. Encerrada essa etapa, organize uma fantástica exposição de arte.

Trinta e três: Descrevam o prato

O papel dos críticos deveria ser o de descrever, não o de prescrever.
Eugène Ionesco

- Objetivo: exercitar a habilidade de descrição.
- Ingredientes: lápis e papéis.
- Como fazer:

A descrição pode ser um texto literário ou não. Descrever de modo subjetivo ou objetivo, ou, ainda, mesclando os dois – essa é uma opção que cabe somente ao autor. Forneça as seguintes orientações, à guisa de um roteiro básico, para a descrição de uma pessoa. Uma descrição bem-feita pode ser dividida em quatro passos:

1º *passo*: Dê suas impressões gerais e amplas acerca do objeto a ser descrito.
2º *passo*: Exponha os aspectos físicos, tais como estatura, traços faciais, pele, voz, cabelos, adereços que está usando etc.
3º *passo*: Comente os aspectos comportamentais, tais como tom de voz, jeito de sentar-se e de olhar, gostos pessoais etc.
4º *passo*: Sem rodeios, faça o óbvio. Conclua imediatamente.

Ofereça, como exemplo, a descrição desta pessoa:

> O menino era magro, alto, esguio, moreno, cabelos e olhos castanhos suaves, sorriso bonito, dentes perfeitos, voz afetuosa. Seu rosto de traços harmoniosos, queixo meio quadradinho, nariz bem-feito. Usava um pequeno e discreto brinco na orelha esquerda, mais nada. Seu gosto por livros e por cinema coincidia com minhas preferências. Falava baixo e pausadamente. Educado e gentil. Será que ele existe mesmo?

Agora, desafie os alunos para que cada um escolha um colega da turma, ali presente, a fim de realizar uma descrição minuciosa. Alerte-os a que adotem posicionamentos respeitosos em relação ao colega a ser descrito. Estabeleça o tempo, recolha os trabalhos e avalie-os. Divulgue alguns trabalhos.
Em uma outra ocasião, como desdobramento dessa atividade, desafie os alunos a descrever, da forma mais detalhada possível, um animal, como um cachorro ou um cavalo.

Trinta e quatro: Adjetivem o prato

> *Aprender português unicamente pela gramática é tão absurdo como aprender a dançar por correspondência.*
> Mario Quintana

- Objetivo: exercitar a adjetivação.
- Ingredientes: lápis e papéis.
- Como fazer:

Na construção de uma narrativa, existem vários elementos que concorrem para a solidez, a riqueza e a elegância dessa edificação. São os recursos da linguagem estética e imaginativa, entre eles *a adjetivação dos objetos*.

Vamos exercitar. Divida a turma em quantos times quiser. Escreva no quadro uma lista de dez palavras que sejam objetos adjetiváveis. Como exemplos: 1) árvore; 2) mãos; 3) ave; 4) sorriso; 5) sono; 6) calor; 7) pátria; 8) escola; 9) anjo; 10) maré. De posse de canetas e papéis, estabeleça um tempo para que eles libertem a imaginação e busquem associar a cada palavra a maior quantidade possível de adjetivos, facultando-se o uso do dicionário. Seguindo o exemplo, poderíamos ter: 1) árvore – frondosa, bonita, grande, frutífera etc.; 2. sorriso – doce, terno, meigo, amplo, tímido etc.

Será computado *um ponto* para cada adjetivo, *dois pontos* para cada substantivo com maior número de adjetivos, dentro do próprio time, e *três pontos* extras para o time que totalizar o maior número de adjetivações.

....
Trinta e cinco: Imaginem o prato

> *O escritor é o olho, o ouvido e a voz da sua classe.*
> Gorki

- Objetivo: exercitar técnica de narrativa.
- Ingredientes: revistas, jornais, tesouras, colas, lápis e papéis.
- Como fazer:

Um excelente e desafiador exercício de criatividade é traduzir em palavras o conteúdo estético de uma imagem estática. Não me refiro à descrição da imagem, mas à criação de um texto que seja produto advindo dela.

Para criar um bom texto literário, é imprescindível a fidelidade. É requisito fundamental manter-se fiel ao tema, sem se deixar vencer pelos desvios e pelas bifurcações da narrativa. É necessário ter sempre em mente, de modo lúcido, a temática pela qual se fez opção.

Então, vamos ao trabalho. Tendo solicitado que trouxessem tesouras, revistas e/ou jornais, peça que, individualmente, procurem uma foto na qual possam identificar um tema e acerca dele criar um texto, incorporando elementos da narrativa. Oriente-os a colar a ilustração em uma página do caderno e, na página seguinte, redigir o texto inspirado por ela. Sugira, ainda, que procurem, nesse texto, retratar com sensibilidade o conteúdo emotivo daquele quadro.

Trinta e seis: Ilustrem o prato

O mundo é um livro, mas inútil para quem não sabe ler.
L. Evely

- Objetivo: exercitar técnicas de narrativa.
- Ingredientes: réguas, tesouras, colas, revistas, jornais, lápis e papéis.
- Como fazer:

A palavra escrita, desde sua origem, teve estreitas ligações com a imagem. Prova incontestável disso, podemos encontrar nas figuras rupestres da pré-história, entendidas como uma forma ancestral de narrar acontecimentos.

Tendo solicitado que os alunos trouxessem réguas, tesouras, colas, revistas e jornais, divida a turma em times. Eles deverão selecionar fotografias ou desenhos a gosto. Cada grupo recortará, em forma de retângulo de dimensões iguais, um mínimo de dez imagens. Em seguida, elaborará um texto literário, no qual utilizará as imagens selecionadas como ilustrações. Diferentemente da proposta anterior, em que uma imagem gera uma narrativa, aqui o aluno disporá as imagens selecionadas em uma sequência, de tal forma que obterá uma narrativa contínua, com cada imagem ilustrando um parágrafo do texto.

Cada grupo criará um parágrafo relacionado a cada uma das ilustrações, optando por apenas uma espécie de foco narrativo: narrar em *primeira pessoa*, contando o acontecimento como se estivesse ele próprio participando dele; ou em *terceira pessoa*, explicando os fatos para o leitor, eximindo-se de emitir opiniões. Após realizarem um rascunho, os alunos farão a redação definitiva, colando cada imagem em uma página, rodeada pelo texto, à semelhança de uma publicação literária.

Para finalizar, criarão tanto o título quanto a capa (que deverá conter uma ilustração apropriada) e colocarão o nome dos autores. Eis as obras-primas! Todos nós somos criativos. Insista nisso!

....

Trinta e sete: Misturem fábulas e parábolas

Acaso algum de vocês já experimentou pensar sem palavras?
Mario Quintana

- Objetivo: explorar fábulas e parábolas.
- Ingredientes: lápis e papéis.
- Como fazer:

Quem conta um conto aumenta um ponto. Entrou pela boca do pato, saiu pela boca do porco, quem quiser contar que conte outro. São dizeres antigos, do tempo em que nossos avós reuniam crianças ao seu redor e se punham a contar histórias de encantar. O conto foi primordialmente transmissão oral dos acontecimentos. Bem depois é que se concretizou no papel.

Os contos que começam com "Era uma vez...", em que o binômio espaço-tempo é indeterminado – "Era uma vez, num lugar distante, há muito tempo..." –, têm imensas doses de magia, de arrebatamento. São a própria senha para um mergulho extraordinário no universo da fantasia e da imaginação. Por isso, recebem a nomenclatura *conto maravilhoso*. Entre eles aparecem a *parábola* e a *fábula*. É importante que ambas fiquem bem-conceituadas para seus alunos.

Na *parábola*, as personagens são antropomórficas; a narrativa possui lógica e cunho moralista.

Na *fábula*, as personagens são retiradas dos reinos animal, vegetal e mineral (bichos, plantas e pedras podem falar e agir); por isso, a narrativa não prescinde de lógica. E elas também possuem nossas melhores qualidades ou nossos piores defeitos. Encerram, da mesma forma, uma mensagem moral.

Seguem-se um exemplo de uma bela fábula dos irmãos Grimm e um de uma não menos pedagógica parábola.

O COELHO E O OURIÇO (Fábula dos irmãos Grimm)
Era uma manhã de Domingo, na época da colheita. O sol brilhava nas alturas; a brisa da manhã soprava entre as searas; as cotovias cantavam no ar, e as pessoas, em seus trajes domingueiros, se dirigiam à igreja. Todas as criaturas se sentiam contentes e o ouriço também. Ele estava a cantar quando lhe ocorreu que, enquanto sua mulher limpava e vestia os pequenos, bem que ele poderia dar uma voltinha pela lavoura para ver que tal cresciam seus nabos. Não estava, ainda, longe de sua moradia quando se encontrou com o coelho, que havia saído para dar uma olhada na sua horta de couves. O ouriço, ao avistá-lo, deu-lhe, amavelmente, o seu bom dia, mas o outro, que era muito orgulhoso, nem se dignou a responder à saudação. Disse-lhe, apenas, com ironia:
– Que aconteceu para andares tão cedo pelas lavouras?
– Estou passeando – respondeu o ouriço.
– Passeando? – perguntou o coelho e pôs-se a rir. – Acredito que poderias fazer melhor uso de tuas pernas.
Tal resposta aborreceu, profundamente, o ouriço. Tudo ele tolerava, menos que se falasse de suas pernas, tortas por natureza.
– Estás convencido – indagou o ouriço – de que te arranjas muito mais com as tuas?
– É claro! – retrucou o coelho.
– Isto só com prova! – contestou o ouriço. – Aposto que te ganho numa corrida.
– Boa piada! Tu, com tuas pernas tortas? – disse o coelho. – Mas, por mim, aceito, já que estás com tanta vontade. Que apostamos?
– Uma moeda de ouro – propôs o ouriço.
– Aceito – respondeu o coelho. – Já podemos começar!

– Calma! Não tenha tanta pressa – retrucou o ouriço. – Ainda estou em jejum e antes vou em casa tomar um café. Dentro de meia hora estarei de volta.

Quando chegou em casa, disse à mulher:
– Vamos, veste-te rapidamente. Tens de ir à lavoura comigo.
– Que há? – indagou ela.
– Apostei uma moeda de ouro com o coelho. Vamos fazer uma corrida e quero que estejas presente.
– Santo Deus! – exclamou a mulher. – Não estás regulando bem! Como podes querer ganhar numa corrida com o coelho?

No caminho disse-lhe o ouriço:
– Agora presta atenção. Faremos a corrida naquela lavoura grande, ali. O coelho correrá em um dos sulcos e eu no outro. Começaremos na parte alta. A única coisa que terás de fazer é agachar-te no outro extremo do sulco e, quando o coelho chegar perto, grita: já cheguei!

Nesse meio-tempo alcançaram a lavoura. O ouriço indicou à mulher o posto que deveria ocupar e encaminhou-se à parte de cima, onde o coelho já o aguardava. Cada qual se colocou num sulco. O coelho contou: um... dois... três... e, como um furacão, lançou-se lavoura abaixo. O ouriço não avançou mais que três passos; deu meia-volta e se agachou no sulco, onde ficou esperando tranquilamente. Quando o coelho chegou ao outro lado, a mulher do ouriço gritou-lhe: já cheguei!

Imagine qual não foi a surpresa do coelho, pois acreditou ser o próprio ouriço que ali estava; e isso não é de estranhar, já que o casal se parece muito. "É coisa do diabo!" – pensou o coelho, mas, em voz alta, disse:
– Vamos correr de volta! Apostaremos outra corrida!

E partiu com a rapidez do vento, correndo tanto que suas orelhas pareciam asas. A mulher do ouriço, porém, ficou bem quietinha. Quando o coelho chegou lá em cima, o ouriço gritou: já cheguei! O coelho, então, gritou furioso:
– Mais uma vez! Vamos?

E assim o coelho repetiu a corrida setenta e três vezes, enquanto o ouriço não se movia. Na septuagésima quarta vez, o coelho caiu na metade do caminho. Morreu ali mesmo e o ouriço ficou com a moeda de ouro.

A moral da história é: em primeiro lugar, ninguém, por mais importante que acredite ser, deve divertir-se à custa de outra pessoa de menor categoria, ainda que seja um ouriço; em segundo lugar: é aconselhável que aquele que pretenda se casar arranje uma mulher de sua classe e condição, que se pareça bastante consigo.

OS CEGOS E O ELEFANTE (Parábola hindu de domínio popular)
Um sábio cruzou um dia, nos arredores de uma cidade do Oriente, com quatro cegos que discutiam acaloradamente.
– É uma pilastra! – afirmava um deles.
– Nada disso, é um tapete! – garantia o outro.
– Imbecis! – berrava o terceiro. – Só pode ser um tubo!
– É uma parede! – defendia o quarto cego.
E a discussão continuava:
– É uma estátua!
– É um ramo!
– É um regador!
Aquilo iria logo terminar em briga. O sábio chegou perto e pediu atenção:
– Nenhum de vocês tem razão! O objeto no qual vocês tocam é na verdade um elefante. Mas, como um toca numa pata, outro numa orelha, outro na tromba, outro no corpo, outro no rabo... cada um acredita ser uma coisa diferente.
Eles não acreditaram e continuaram o bate-boca.
A pessoa comum vive numa espécie de redoma, vê as coisas de modo pessoal e subjetivo; o sábio, por sua vez, vive num mundo vasto, vê as coisas de modo impessoal e objetivo.

Estabeleça um tempo para essa primeira etapa. Em grupos, ou individualmente, os alunos serão desafiados a relacionar animais, vegetais ou minerais aos quais possa ser atribuída alguma característica moral. Como exemplo:

Cobra: traição.
Camaleão: o verdadeiro "vira-casaca", sempre pronto a mudar de opinião.
Formiga: disposição, ação, trabalho.
Bicho-preguiça: o nome denuncia seu caráter.
Coruja: sabedoria.
Papagaio: fala o tempo todo, mas não age.
Macaco: vive de piadinhas.

Esgotado o tempo, apure os resultados.
Para a segunda etapa, solicite que os alunos coloquem suas personagens recém-criadas em uma narrativa curta que respeite as características da fábula. Estipule um tempo, recolha

os trabalhos, faça as correções ortográficas e gramaticais e divulgue-os.

······································

Trinta e oito: Combinem manchetes

Um professor afeta eternamente: ele jamais pode dizer onde sua influência termina.
Henry Adams

- Objetivos: exercitar o texto não literário em estilo jornalístico e exercitar o trabalho com classes gramaticais.
- Ingredientes: lápis e papéis.
- Como fazer:

Nossa experiência, agora, será não literária. Brincaremos com um texto contendo características jornalísticas. Criaremos matérias para um jornal. O primeiro passo será a manchete; o título indicará a notícia. Para tanto, precisaremos identificar quatro elementos: *quem, o quê, onde* e *quando*.

Divida a turma em times e distribua retângulos de papel a todos os jogadores. Peça que cada participante dê um nome a uma personagem da notícia, por meio de um substantivo, e o anote em um dos retângulos, dobrando-o e escrevendo por fora a palavra *quem*. Digamos que um grupo composto por cinco alunos tenha criado: jogador de futebol, dona de casa, estudante, motorista, ator de TV.

Num segundo momento, adotando a mesma estratégia, eles deverão escrever um verbo de ação para indicar o acontecimento, ou seja, *o quê*. Esclareça que podem fazê-lo em qualquer tempo verbal, dobrando e anotando por fora: *o quê*. Digamos que os verbos selecionados tenham sido: caiu, voará, brigou, ronca, arrota.

No terceiro momento, deverão pensar no espaço, em que local o acontecimento se desenvolve, isto é, no *onde*. Escreverão, dobrarão e anotarão por fora: *onde*. Digamos que as escolhas tenham sido: no banheiro da rodoviária, num bueiro, num restaurante, na casa da sogra, no consultório do dentista.

O quarto passo, realizado da mesma forma, é reservado à localização temporal, isto é, ao *quando*. Digamos que tenham escolhido: ontem pela manhã, na última madrugada, hoje, há dez anos, à meia-noite.

Finalmente, peça que sorteiem um retângulo de cada espécie e anotem a curiosa combinação obtida.

QUEM		O QUÊ	
	JOGADOR DE FUTEBOL		CAIU
	DONA DE CASA		VOARÁ
	ESTUDANTE		BRIGOU
	MOTORISTA		RONCA
	ATOR DE TV		ARROTA

ONDE		QUANDO	
	NO BANHEIRO DA RODOVIÁRIA		ONTEM PELA MANHÃ
	NUM BUEIRO		NA ÚLTIMA MADRUGADA
	NUM RESTAURANTE		HOJE
	NA CASA DA SOGRA		HÁ DEZ ANOS
	NO CONSULTÓRIO DO DENTISTA		À MEIA-NOITE

Trinta e nove: Adicionem pitadas de poesia

*Todas as coisas têm seu mistério e a poesia
é o mistério que todas as coisas têm.*
Federico García Lorca

- Objetivo: exercitar o gênero poesia.
- Ingredientes: lápis e papéis.
- Como fazer:

O admirável poeta brasileiro Mario Quintana (1906-1994), no seu lindo livro *Caderno H*, disse que a poesia não se entrega para quem ousa defini-la. Em obediência ao mestre, vamos fugir um bocadinho das conceituações e jogar com alguns versos.

Explique aos alunos a diferença entre sílaba gramatical, "vogal ou reunião de fonemas que se pronunciam numa só emissão de voz" (Ferreira 1999, p. 1.853), e sílaba métrica, "sistema de versificação particular a um poeta" (*ibidem*). Leve-lhes alguns exemplos.

Entregue uma folha a cada aluno que encabeça as fileiras. Peça que crie um verso pequeno, contendo elementos da linguagem poética, e escreva-o no alto da folha, dobrando-a para trás. Na parte de fora dessa dobra, cada um deverá escrever o número de sílabas métricas do verso que está oculto e a última palavra desse verso. Oriente-os a passar a folha ao colega que estiver posicionado imediatamente atrás. A tarefa deste será criar outro verso, com o mesmo número de sílabas métricas, e que tenha seu final rimando com a que está exposta na parte de fora da dobra. Feito isso, dobrará para trás o seu verso e indicará por fora o número de sílabas métricas e a última palavra. Não havendo mais espaço na folha, recolha-a e entregue outra para o próximo aluno. Com essa mesma estratégia, o jogo prosseguirá até que todos tenham participado dele. Recolha o restante das folhas ao final e solicite voluntários para lerem os curiosos "poemas" que acabaram de criar. A ideia de uma exposição é bastante válida.

Acompanhe o exemplo:

Meu co ra ção es tá em fes ta
    9 sílabas – última palavra: FESTA

To do tem po que a in da res ta
    9 sílabas – última palavra: RESTA

Es te ga lo na mi nha tes ta
    9 sílabas – última palavra: TESTA

Sei que vo cê, a mor, não pres ta
    9 sílabas – última palavra: PRESTA

Va mos pas se ar na flo res ta
    9 sílabas – última palavra: FLORESTA

··

Quarenta: Sorvam períodos e parágrafos

Tornar o simples complicado é fácil. Tornar o complicado simples, admiravelmente simples, isto é criatividade.
Charles Mingus

- Objetivo: exercitar técnica de narração e construção de períodos e parágrafos.
- Ingredientes: lápis, canetas e papéis.
- Como fazer:

O *período* é a frase formada por uma ou mais orações – a oração é toda frase com verbo. Se o período tiver apenas uma oração, trata-se de *período simples*; se o período tiver duas ou mais orações, trata-se de *período composto*. Mas essa classificação não é o mais importante, no momento. O que é relevante é saber que o ponto-final (.), os dois-pontos (:) e os sinais de interrogação (?) e de exclamação (!) existem para denunciar onde estão os períodos.

Quanto ao *parágrafo*, é suficiente saber, no momento, que ele é formado por um ou mais períodos, onde se processa uma ideia principal. Quando se pretende desenvolver outra ideia, deve-se abrir novo parágrafo.

Exemplo de período simples:

Jamais uma peste fora tão letal e tão terrível. (Poe 1993, p. 73)

Exemplo de período composto:

Surgia com dores agudas, súbita tontura, seguidas de profuso sangramento pelos poros, e então a morte. (*Ibidem*, p. 74)

Exemplo de parágrafo:

Lá pelo final do quinto ou sexto mês de reclusão, enquanto a peste grassava mais furiosa lá fora, o príncipe Próspero brindou os mil amigos com um magnífico baile de máscaras. Era um espetáculo voluptuoso, aquela mascarada. Mas antes vou descrever os salões onde ela aconteceu. Eram sete – uma suíte imperial... (...) (*Ibidem*)

Peça que os alunos observem cuidadosamente os exemplos; por enquanto, basta.
O escritor irlandês James Joyce (1882-1941), em seu livro *Ulisses*, registra em 40 páginas o desabafo final de uma das personagens, sem qualquer espécie de parágrafo ou pontuação. A teoria literária denomina essa característica de "fluxo de consciência", e o doce poeta gaúcho Mario Quintana (1906-1994), novamente no *Caderno H*, brinca dizendo que os velhos, quanto mais velhos, mais vírgulas usam. Agora, vamos brincar um pouco com essa faceta do foco narrativo.
Escolha um texto em prosa e furte-lhe as divisões em parágrafos, pontos e vírgulas, ou utilize o texto sugerido. Uma vez distribuído aos alunos, que poderão trabalhar em grupos ou não, estabeleça um tempo para que busquem reaplicar esses

elementos retirados do texto. Solicite-lhes que, numa primeira etapa, façam isso a lápis, e, quando chegarem a um resultado que lhes contente, usem caneta para defini-lo. Sugira-lhes que busquem também incluir reticências, pontos interrogativos, exclamativos, dois-pontos etc.

Parta do pressuposto de que, nesta atividade, valerá qualquer resultado alcançado. Ou seja, não há "certo" ou "errado" – tão somente o exercício técnico e criativo desses aspectos ortográficos. Avalie e divulgue os mais originais, seja por meio de leitura aberta, seja por meio de murais. Chame a atenção dos alunos para os diversos rumos que o texto tomou, no âmbito do significado, em cada trabalho.

TEXTO SUGERIDO

ÀS SEIS DA MANHÃ (Miranda 2015, p. 87)
Nunca havia sentido isto não com esta intensidade uma espécie de temor de repente ocorre-me abrir a janela ouvia a chuva batendo contra a vidraça desde as duas horas o relógio avisava seis da manhã primeiros sinais de vida lá fora pessoas cruzam a praça à frente com capas e guarda-chuvas automóveis com seus faróis cruzam a praça à frente às seis da manhã todos rumam aos seus destinos não apenas aos destinos que os levam à este dia que rompe mas aos da vida mesmo sob um céu tampa de acrílico embaçada às seis da manhã desde as duas tento adormecer uma espécie de temor atrás de amizades corri no decorrer desses anos todo homem teu seu preço às seis da manhã o tempo borra as maquiagens das mulheres e dos homens os seus projetos diários no entanto prosseguem parecem não se importar vivemos aprendendo a errar repetimos pecados tendo a certeza do perdão as lições que recebemos não pagamos por elas ao final do dia que dirá as seis da manhã.

O texto poderá obter várias outras formas, como a do exemplo a seguir:

ÀS SEIS DA MANHÃ
Nunca havia sentido isto, não com esta intensidade. De repente ocorre-me abrir a janela. Ouvia a chuva ricocheteando contra a

vidraça. Desde as duas horas o relógio avisava: seis da manhã. Primeiros sinais de vida. Lá fora pessoas cruzam a praça à frente com capas e guarda-chuvas. Automóveis com seus grandes faróis cruzam a praça à frente, às seis da manhã. Todos rumam aos seus destinos. Não apenas aos destinos que os levam a este dia que rompe, mas aos da vida. Mesmo sob um céu tampa de acrílico embaçada às seis da manhã.

Desde as duas tento adormecer. Atrás de amizades corri no decorrer desses anos. Todo homem tem seu preço às seis da manhã? O tempo borra as maquiagens das mulheres e dos homens, os seus projetos diários. No entanto, prosseguem inexoráveis, parecem não se importar.

Vivemos aprendendo a errar. Repetimos pecados tendo a certeza do perdão. As lições que recebemos, não pagamos por elas ao final do dia, que dirá às seis da manhã?

....

Quarenta e um: Vejam a bula

A vida real é mais estranha que a ficção.
Mark Twain

- Objetivo: exercitar a conversão de gêneros e tipos literários.
- Ingredientes: bulas de medicamentos, lápis e papéis.
- Como fazer:

Um bom escritor deve ser, também, um bom leitor. Leitura e escrita estão indissoluvelmente atadas, como já dissemos várias vezes neste livro. E nunca será demais reiterar. É saudável a quem se inicia no mágico universo do texto escrito ler tudo o que lhe cair às mãos, mesmo que seja para criar seu próprio juízo crítico acerca do que leu, para ampliar seu repertório vocabular ou mesmo por curiosidade. Tendo pedido aos alunos que trouxessem bulas dos mais diferentes tipos de medicamentos, oriente-os a selecionar uma com a qual desenvolverão a atividade. O texto de uma bula, como é fácil perceber, é não literário. É um gênero textual, cuja tipologia é a injuntiva/instrucional. A façanha será transformá-lo em texto literário.

Na primeira etapa, eles deverão, individualmente, realizar uma leitura atenciosa de toda a bula. Nesse momento, não é de maior relevância conhecer os conceitos técnicos e outros vocábulos. No segundo momento, eles deverão escolher um trecho da bula e transcrevê-lo tal qual para a folha de papel. Como exemplo:

> O medicamento é válido por três anos, em qualquer de suas apresentações. O xarope, após a reconstituição, é válido durante doze dias à temperatura ambiente. Nunca use o medicamento após o prazo de validade impresso no cartucho. Este medicamento fluidifica as secreções e favorece a expectoração por não interferir no mecanismo da tosse. Exerce também ação protetora contra alguns danos provocados pelo hábito de fumar. Por ser derivado de um aminoácido natural, é habitualmente bem tolerado.

Agora, eleja com a turma alguns temas e os registre no quadro. Exemplo: Amor, Esportes, Escola, Família, Amigos etc. Cada um deverá, então, optar por um deles e, a seguir, partindo do texto transcrito, transformar o "texto não literário" em um "texto literário", por meio da substituição e/ou inserção de outras palavras.

Veja o exemplo obtido em uma oficina minha:

> O medicamento para o mal que sinto é seu amor e ele tem que ser válido por, pelo menos, três anos, em qualquer de suas apresentações. O xarope, fui eu. Porque, após a reconstituição das bobagens que disse, fui válido somente durante doze dias à temperatura ambiente. Por isso, nunca use nosso amor após o prazo de validade impresso no cartucho. Este medicamento fluidifica nossas relações e favorece a saudade por não interferir no mecanismo do ciúme. Exerce também ação protetora contra alguns danos provocados pela falta que você me faz. Por ser derivado de um sentimento natural, é habitualmente bem tolerado.

Após vencido o tempo estabelecido, recolha os trabalhos, avalie-os e divulgue-os. Aproveite para definir as expressões que eles desconhecem.

Quarenta e dois: Coloquem pitadas de haicais

> *Se os líderes lessem poesia, seriam*
> *mais sábios.*
> Octavio Paz

- Objetivo: exercitar o gênero poesia e a habilidade de síntese.
- Ingredientes: lápis e papéis.
- Como fazer:

O haicai, grafado de diversas formas – *haiku, hokku, hai-cai, hai-kai, haycay, hay-cay* –, surgiu no Japão, no princípio do século XVII, popularizado por lá graças à inventividade do poeta Matsuo Bash (1644-1694). Era apresentado com três versos, sendo que dois rimavam entre si. O primeiro e o terceiro possuíam cinco sílabas métricas cada um, e o segundo, sete. Tinham, ainda, como temas a emoção e a natureza. Após Bash, no alvorecer do século XVIII, vieram Busom e Tokugawa. No Brasil, o grande nome criativo nessa técnica foi o poeta curitibano Paulo Leminski (1944-1989), que deixou um amplo e rico legado desses poemas curtos.

O fascínio do haicai sempre foi a economia dos meios narrativos, assim como os ideogramas orientais, pelos quais um único símbolo traduz, por vezes, uma extensa mensagem.

Proceda assim: na primeira etapa, divida a turma em times, estabeleça um tempo e solicite que listem quantas palavras conseguirem com quantas rimas forem possíveis a cada uma delas. Findo o tempo, atribua *um ponto* para cada rima criada, *dois pontos* para cada palavra com maior número de rimas e *três pontos* extras para o grupo que totalizar o maior número de rimas.

Agora vamos à segunda etapa: a técnica de construção do haicai é um desafio interessante para esse laboratório de criação de textos. A atividade deverá ser realizada individualmente. Os alunos serão, portanto, incitados a elaborar seus próprios haicais. Para facilitar o processo, deixe o tema livre e não leve em conta a rigidez na contagem da métrica. O importante será deixar o texto com três versos, dois rimando entre si e um órfão, por exemplo.

Como eu também me intrometi nesse território, eis alguns haicais meus para ilustrar nossa conversa:

> Não sei se vens, nem por que vais.
> O porto, meu peito, assiste sem âncoras;
> O cais, teimoso, aguarda por mais.
> (Miranda 1996, p. 37)

> Meus olhos encontram os seus.
> Seus olhos são agulhas,
> Fagulhas ferindo os meus.
> (*Ibidem*, p. 97)

> Você vai.
> A gota
> Cai.
> (*Ibidem*, p. 19)

Tarefa concluída, selecione alguns trabalhos, como ideia para outro momento, e peça aos alunos que, agora em grupos, os transformem em grandes estandartes feitos com tecidos para faixas de propaganda, de cerca de 1,5 metro de altura por 50 centímetros de largura, com direito a ilustrações. Oriente-os a prender sarrafos ou cabos de vassoura na parte superior dos painéis, atando um barbante nas duas pontas da madeira. Elabore com a classe uma exposição desses estandartes por todo o espaço disponível.

Quarenta e três: Rejuvenesçam provérbios

Há um lugar certo para cada ideia.
Henry Moore

- Objetivo: exercitar a escrita criativa, explorando provérbios.
- Ingredientes: lápis e papéis.
- Como fazer:

O imaginário coletivo constrói ditados populares que se eternizam. Frutos da cultura popular universal, carregam em seu âmago poderosas doses de sabedoria e dificilmente são contrariados. Assim como no haicai, a forma sintética e densa do provérbio contém grande valor textual.

Peça aos alunos que tragam para a aula seguinte quantos provérbios conseguirem arrecadar. Sugira que consultem os pais e os avós, que certamente se lembrarão de vários. De posse desse rico material, eles deverão, em grupos ou individualmente, dar asas à criatividade e alterar a "lição" embutida em cada provérbio, dando-lhe nova redação.

Veja alguns exemplos:

PROVÉRBIOS RECOLHIDOS E NOVA REDAÇÃO:

Águas passadas não movem moinhos.
    Águas passadas já passaram.

Os últimos serão os primeiros.
    Os últimos serão desclassificados.

Depois da tempestade vem a bonança.
    Depois da tempestade vem a gripe.

Em terra de cego quem tem um olho é rei.
    Em terra de cego quem tem um olho é caolho.

Em boca fechada não entra mosca.
 Em boca fechada não entra comida.

Deus ajuda quem cedo madruga.
 Quem cedo madruga fica com sono o dia todo.

Elabore com seus alunos uma exposição bem legal desses recontos proverbiais!

....

Quarenta e quatro: Provem vários tipos e gêneros

Escrevo sobre aquilo que não sei,
para ficar sabendo.
Fernando Sabino

- Objetivo: exercitar a escrita criativa, familiarizando-se com tipos e gêneros textuais.
- Ingredientes: lápis e papéis, um bolo de milho, avental e *toque blanche* (chapéu de *chef*), boleira para o bolo (ou uma *cloche*), acessórios para cortar e servi-lo, sucos (se possível).
- Como fazer:
Vista-se de *chef* e leve um bolo de milho e os acessórios para cortá-lo e servi-lo. Coloque-o sobre a mesa diante dos alunos. Explique-lhes, então, que *gêneros* são textos que desempenham determinadas funções sociais; que precisamos deles para negociar situações do dia a dia; que cada gênero tem características e intenções comunicativas específicas, embora flexíveis e adaptáveis. Conforme apregoou Bakhtin (1997), as atividades humanas são realizadas por intermédio dos gêneros que são materializados por meio dos textos. Já os *tipos* textuais são a forma pela qual os textos se apresentam; são em número de cinco e servem de base para os gêneros. São estas as tipologias: narrativa, descritiva, expositiva, argumentativa e injuntiva ou instrucional.

Para finalidades didáticas, fiz o seguinte guia rápido (gênero da tipologia injuntiva ou instrucional), que você pode reproduzir e distribuir para a turma a fim de subsidiar a realização da atividade:

TIPOS E GÊNEROS TEXTUAIS – GUIA RÁPIDO

TIPOLOGIAS	GÊNEROS
Narrativa Sua intenção é contar um fato, real ou fictício, situado em determinado tempo ou lugar.	Conto de fadas, novela, fábula, biografia, autobiografia, romance, conto, crônica, depoimento, charge, piada, notícia, reportagem, diário, "causos" etc.
Descritiva Sua intenção é caracterizar alguém, um lugar, um objeto, um fato.	Relato de experiência, resenha, listas, anúncio, cardápio, laudo técnico, guia de viagem. Podem ser também descritivos:conto, poema, fábula, biografia, romance, crônica, notícia, reportagem, "causo" etc.
Expositiva/explicativa Sua intenção é informar e esclarecer objetivamente.	Seminário, conferência, comunicação oral, palestra, entrevista de especialista, artigos científicos, notícias jornalísticas, verbetes de dicionários e enciclopédias; relatórios, manuais, carta pessoal etc.
Argumentativa/dissertativa Sua intenção é convencer o interlocutor de determinado posicionamento.	Artigo de opinião, manifesto, carta de leitor, carta de reclamação, carta de solicitação, discurso de defesa e de acusação, resenha crítica, sermão, editorial, monografia, tese, ensaio etc.
Injuntiva/instrucional Sua intenção é instruir, orientar o interlocutor a realizar algo.	Anúncios e peças publicitárias, receitas de culinária, receita médica, instruções de uso, instruções de montagem, leis, guias, regras de trânsito, obrigações a cumprir, normas de conduta, bulas, horóscopo etc.

Feito isso, providencie uma receita de bolo de milho (gênero da tipologia injuntiva ou instrucional) ou aceite esta que segue; nesse caso, reproduza-a e guarde-a para distribuir no final.

BOLO DE MILHO (Gênero textual: receita culinária)
Ingredientes:
- 1 lata de leite condensado
- 1/2 xícara de leite
- 5 espigas de milho
- 5 colheres de margarina
- 3 ovos
- 1 colher de fermento

Modo de preparo:
Deixe o forno preaquecendo a 180 graus. Enquanto isso, bata todos os ingredientes no liquidificador, exceto o fermento. Coloque a massa batida em forma untada e enfarinhada.
Agora sim, adicione e misture o fermento. Leve ao forno por cerca de 40 minutos ou até dourar.

Divida a turma em times, desafiando-os a produzir um texto no gênero que escolherem, desde que o tema seja o bolo de milho, consultando o guia rápido a fim de se certificarem das características de cada um. Resultados superdivertidos certamente surgirão: um grupo poderá apresentar um conto de fadas no qual Branca de Neve morde a fatia de um bolo de milho envenenado; é possível que outro produza um relato de experiência na feitura do bolo; outro poderá criar um verbete para o termo *bolo de milho*; outro, uma carta de reclamação contra o bolo, ou o próprio bolo poderá escrever tal carta; por fim, é provável que outro grupo produza uma peça publicitária para o bolo e assim por diante.

Como desafio extra, você pode propor a criação de um *meme*, como gênero textual desta nossa modernidade, com o tema "bolo de milho"!

Estabeleça um tempo, ao fim do qual convide alunos para fazer as leituras de suas produções, o que com certeza ocorrerá sob muitos aplausos e gargalhadas; depois organize com eles uma exposição dos trabalhos nos murais da sala. Finalize partindo o bolo, saboreando-o coletivamente enquanto passeiam pela sala visitando e prestigiando a riqueza da produção!

Quarenta e cinco: Adaptem ao seu estilo

*O bom livro é aquele que se abre com
interesse e se fecha com proveito.*
Amos Alcott

- Objetivo: exercitar a escrita criativa, explorando gêneros e estilos textuais.
- Ingredientes: lápis e papéis.
- Como fazer:

Esclareça aos alunos que o exercício desafiará sua criatividade e sua imaginação, brincando com a releitura e com a adaptação de uma determinada história ao estilo que desejarem. Escolha um texto curto de ficção ou faça uso deste de minha autoria:

> Dizia-se defensor dos animais! No entanto ele era do tipo que matava um leão por dia, dois coelhos com uma só cajadada, picava a mula e capava o gato. E assim, sempre com um bode expiatório para pagar o pato, sua vaca ia para o brejo! (Miranda 2013, p. 36)

A brincadeira agora é, em grupos, recontar a história, utilizando outro gênero textual, com o suporte teórico que você lhes apresentou na atividade anterior. Reforce-o. Veja as categorias abaixo e discuta com eles:

- *Gêneros da tipologia narrativa*: Conto (de fada, de terror, de ação, de comédia etc.), fábula, romance, reportagem, diário, "causo", crônica.
- *Gêneros da tipologia descritiva*: Anúncio, guia, laudo técnico.
- *Gêneros da tipologia expositiva ou explicativa*: Entrevista com especialista, notícia jornalística, verbete, relatório, carta pessoal.
- *Gêneros da tipologia argumentativa ou dissertativa*: Manifesto, carta do leitor, carta e reclamação, discurso de defesa ou de acusação.
- *Gêneros da tipologia injuntiva ou instrucional*: Anúncio, normas de conduta, lei.

Feito isso, eles mesmos deverão realizar uma primeira revisão ortográfica e gramatical do texto produzido. Promova, então, um momento de partilha com a turma.

##
Quarenta e seis: Refresquem poemas

Criar é dar forma a alguma coisa.
Fayga Ostrower

- Objetivo: exercitar a produção do gênero poesia.
- Ingredientes: lápis e papéis.
- Como fazer:

Selecione um poema de sua preferência ou aceite a sugestão abaixo do poeta brasileiro do qual gosto muito, Affonso Romano de Sant'Anna (1937-). Divida a turma em grupos. Distribua o texto aos alunos e peça algumas leituras públicas em sala. Estabeleça um tempo para a realização da atividade. Feito isso, cada grupo terá como desafio alterar a ordem da versificação do poema, mantendo uma certa coerência de sentido. Entretanto, não poderão alterar as palavras dentro do mesmo verso. Nessa atividade eles também exercitarão uma outra habilidade, a do consenso. Finalizado o tempo, recolha os trabalhos, avalie-os e divulgue-os.

TEXTO SUGERIDO

DE QUE VIVEM E MORREM OS POETAS
Mudam-se os tempos, mudam-se as sortes,
Muda-se a vida e muda-se dos poetas a morte.
Ninguém diria que Homero morreu de enfarte,
Camões morreu de câncer, Cervantes de embolia
E a esclerose matou Dante.

Morriam de amor ou morriam por nada
Os poetas que viviam da pena e espada?
O fato é que viviam a fenecer pelos palácios,
A definhar saudades pelos lagos
E a cuspir tuberculose sobre a amada.
Mas há também a morte moderna, burocrática, interna,
Dos poetas mal-confessos
Conferindo a quadradura dos carimbos
Nos versos dos processos.
(Sant'Anna 1985, p. 76)

Possibilidade construída em uma de minhas oficinas:

NOS VERSOS DOS PROCESSOS
Mudam-se os tempos, mudam-se as sortes
Ninguém diria que Homero morreu de enfarte.
Morriam de amor ou morriam por nada
Muda-se a vida e muda-se dos poetas a morte.
Camões morreu de câncer, Cervantes, de embolia
O fato é que viviam de pena e espada?
E a cuspir tuberculose sobre a amada.
Mas há também a morte moderna, burocrática, interna,
A definhar saudades pelos lagos
Dos poetas mal-confessos
Conferindo a quadradura dos carimbos
Os poetas que viviam da pena e espada?
E a esclerose matou Dante.

Faça uma exposição bem bacana com o belo repertório de produção dos alunos e celebrem juntos esse momento de importantes conquistas no campo da produção de textos. O conjunto de atividades desta etapa de criação não teve outra intenção senão a de propiciar progressos nessa esfera. Agora, partamos para a proposta de atividades de incentivo ao gosto pela leitura, que, claro, continua interligada a esta leitura de preparo.

Sobremesas

Estímulos criativos ao deleite da leitura

Embora tenhamos até aqui vivenciado experiências voltadas à produção de uma escrita e de uma leitura saborosamente preparadas e deliciosamente degustadas, este momento é reservado para experiências de fruição de textos literários, para apuração dos paladares e usufruto com apetite.

Os inigualáveis sabores da leitura

Quando eu era criança, um dia minha escola recebeu a visita ilustre de um autor, e essa foi a experiência definidora das minhas escolhas de vida. Contate os autores adotados no seu projeto e veja se existe a possibilidade de algum deles comparecer à escola; viabilize sua presença no início e no apogeu da grande festa, conversando com os estudantes, contando as histórias de seus livros, promovendo sessões de autógrafos, prestigiando as produções dos alunos, inspirando-os a manter ativos o prazer da leitura e o amor aos livros.

Como autor de obras infantojuvenis há mais de 20 anos, tendo assumido o compromisso de incentivar jovens leitores, realizando esse trabalho cooperativo e colaborativo nas escolas, tenho tido a alegria de testemunhar os nítidos avanços e conquistas ocorridos por meio de projetos de produção de textos, na perspectiva criativa, lúdica, inteligente e crítica, inclusive com o envolvimento das famílias. A outra vertente anteriormente discutida é cobrada da escola. Como resultado dessa ação, presenteio você com um delicioso cardápio de estratégias divertidas e criativas que são o recheio saboroso do projeto na sua escola.

Uma orientação extremamente importante: registre tudo o que acontecer no percurso do projeto, tome notas, fotografe e filme. Isso é essencial para alimentar a avaliação, para realizar a correção de rumo, que certamente se fará necessária, e, sobretudo, para registrar a memória afetiva e histórica dessa explosão de sabores do livro e da leitura. Ao final, você poderá mandar imprimir algumas fotos e presentear seus alunos com elas. Monte, ainda, um belo painel com algumas imagens desse momento inesquecível e, claro, fotografe e filme esse quadro. Então, aqui vão algumas pistas de como incentivar crianças e jovens à leitura em tempos de não leitores.

Quarenta e sete: Iniciem o preparo do menu da leitura

> *Eu sempre imaginei que o paraíso seria um tipo de biblioteca.*
> Jorge Luis Borges

- Objetivo: inaugurar o projeto de degustação.
- Ingredientes: obras adotadas.
- Como fazer:

Tendo os alunos já adquirido os livros que a escola definiu coletivamente com eles (espero que os meus estejam nessa lista), inicie o projeto elaborando com eles uma tempestade de ideias sobre a importância do livro e da leitura, com perguntas como: para que a gente aprende a ler? O que significa o livro para vocês? O que vocês sentem quando leem um livro ou ouvem uma história tirada de um livro? O que gostariam de saber sobre livro ou sobre leitura? Provoque-os a dar suas opiniões e vá anotando em cartolinas afixadas na parede. Não censure nenhuma resposta – nesse momento não há certo nem errado; você pode, inclusive, articular uma resposta com outra e, a partir daí, formular novas perguntas. Incentive-os a falar. Essa é a oportunidade para você mobilizá-los para as experiências que virão. Fique atento para que, ao longo do projeto, essas questões sejam tratadas de diversas formas. Para isso, as cartolinas ficarão sempre afixadas a fim de orientar o percurso. No decorrer do projeto, fique sempre de olho nos objetivos, que são seus guias essenciais.

Quarenta e oito: Deem asas à imaginação

*Se alguém, lendo o que escrevo, sente
um movimento na alma, é porque somos
iguais. A poesia revela a comunhão.*
Rubem Alves

- Objetivo: exercitar a empatia com a personagem.
- Ingredientes: lápis e papéis.
- Como fazer:

Individualmente ou em duplas, os alunos deverão escolher a personagem de que mais gostaram e imaginar que ela saiu da história, tornou-se real e vive nos dias atuais. Como seria isso? Oriente-os a discutir e anotar suas conclusões. Que idade a personagem teria? Quais seriam suas comidas, seus brinquedos, seus amigos, suas diversões, suas músicas ou seus estilos musicais prediletos? Como se vestiria? Onde estudaria? Quais seriam seus melhores amigos? Onde moraria? Teria perfis em quais redes sociais? Que livros teriam marcado sua vida? Quais seriam seus medos e seus planos? Depois disso, eles deverão socializar suas produções com a turma oralmente ou elaborando um painel com seus textos.

Essas perguntas podem também ser objeto de um programa de entrevista, no qual um voluntário representará a personagem.

Quarenta e nove: Leiam especulando paladares

*Eu acho a televisão muito educativa.
Toda vez que alguém liga o aparelho,
eu vou para a outra sala e leio um livro.*
Groucho Marx

- Objetivo: praticar leitura exploratória.
- Ingredientes: obras adotadas.
- Como fazer:
Leia com paixão a história do livro adotado para a turma e, ao final, instigue os alunos a comentar: o que acharam, do que mais gostaram, do que menos gostaram, do que não gostaram nem um pouco, qual a personagem com que mais simpatizaram, qual a personagem com que mais antipatizaram, o que poderia ter sido diferente etc. Essa leitura pode ser na forma de contação (dramatização), de preferência com um figurino bem legal ou de forma simples na frente da turma. Não se esqueça de mostrar a capa do livro, enfatizando, além no nome do autor, o nome do ilustrador e da editora. Fale sobre os papéis do ilustrador e da editora na produção de um livro. Durante a leitura, em alguns momentos, pergunte o que acham que vai acontecer a seguir.

Cinquenta: Cacem e cruzem palavras e encantos

> *O autor só escreve metade do livro. Da outra metade, deve ocupar-se o leitor.*
> Joseph Conrad

- Objetivo: explorar o conteúdo das obras, utilizando recursos diversos.
- Ingredientes: obras adotadas, lápis e papéis.
- Como fazer:
Produza caça-palavras e cruzadinhas a partir do texto do livro para os alunos resolverem, sozinhos ou em grupo. Com os menores, faça atividades de ligar pontos ou quebra-cabeças com reproduções das ilustrações do livro. Cumprida essa etapa, desafie-os a elaborar a história que quiserem, incluindo as palavras que encontraram. Essa produção pode ser escrita

ou oral. Ou ambas. Finalize a atividade com um momento de partilha dessas experiências entre eles.

Cinquenta e um: Preencham lacunas de deleites

> *Nós lemos para saber que não estamos sozinhos.*
> C.S. Lewis

- Objetivo: explorar o conteúdo das obras, utilizando recursos diversos.
- Ingredientes: obras adotadas.
- Como fazer:

Selecione trechos dos livros e os edite, retirando letras e colocando, em seu lugar, tracinhos para os alunos preencherem com aquelas que julgarem ser as corretas. Em um nível mais avançado, retire palavras; em um nível um pouco mais adiantado, retire frases. Os participantes não precisam colocar letras, palavras ou frases originais da obra, mas sim as que considerarem que dão sentido à história. Peça que alguns leiam seus resultados para a turma.

Cinquenta e dois: Saciem os funcionários e vice-versa

> *Livros dão alma ao universo, asas para a mente, voo para a imaginação e vida a tudo.*
> Platão

- Objetivo: envolver os funcionários da escola na degustação do preparo.

- Ingredientes: obras adotadas.
- Como fazer:

Depois de preparar, com seus alunos, uma dramatização da história do livro adotado, peça autorização à gestão da escola para convidar a direção, o pessoal da cozinha, da limpeza, da portaria etc. para assistir à apresentação das produções dos alunos como atividade prévia à culminância. Estou certo de que será muito emocionante para todas as partes envolvidas.

Em outro momento, proponha à gestão da escola o inverso: que esses profissionais se apropriem das obras e preparem leituras dramatizadas ou não para apresentar aos alunos.

Cinquenta e três: Registrem o preparo do banquete de formas múltiplas

Um bom livro nunca termina o que nos tem a dizer.
Ítalo Calvino

- Objetivo: realizar o registro dos preparos, utilizando diversas estratégias criativas.
- Ingredientes: obras adotadas.
- Como fazer:

Planeje e ensaie a dramatização da história do livro adotado, recorrendo a múltiplas estratégias. Se você é docente de várias turmas, utilize os alunos de uma delas como atores; com outra turma, empregue fantoches, inclusive construídos pelos próprios estudantes; com outra classe, faça uso de dedoches; valha-se de teatro de sombra com os alunos de outra turma etc. Se você tem apenas uma turma, divida-a em grupos e adote essa estratégia.

Filme as apresentações, faça uma edição bem caprichada e promova uma sessão de cinema, com direito à pipoca. Além de ser importante que eles se vejam protagonizando suas próprias produções, as várias linguagens utilizadas para apresentar a história favorecem muitas possibilidades de leituras comparativas enriquecedoras dos vários olhares.

Cinquenta e quatro: Criem visuais para portas e murais do salão

Ler é fundamental, escrever é só consequência.
Marinho Guzman

- Objetivo: produzir a linguagem visual das obras.
- Ingredientes: obras adotadas, materiais sustentáveis diversos.
- Como fazer:

Proponha que a turma produza um painel criativo que reflita a obra adotada e afixe-o na porta da sala; ele permanecerá ali pelo tempo que durar a atividade e será exposto no auge da apresentação. Esse painel poderá ser feito com materiais sustentáveis, como papelão, parte traseira de velhos *banners* de lona vinílica, tecidos etc. Incentive-os a deixar a imaginação fluir, com o uso de tintas diversas, colagens, recortes etc., e a se inspirarem na capa e nas ilustrações da obra.

Proponha ainda a produção de cartazes, também com materiais sustentáveis, contendo imagens e trechos do livro; afixe-os nos murais da escola com o nome do projeto, o título do livro utilizado, o nome da editora, o do ilustrador, o ano de publicação da obra etc.

Cinquenta e cinco: Produzam músicas-tema e trilhas sonoras da festa

Um livro é um brinquedo feito com letras. Ler é brincar.
Rubem Alves

- Objetivo: produzir a linguagem musical das obras.
- Ingredientes: obras adotadas, materiais sustentáveis diversos.
- Como fazer:
Desafie-os a criar uma música-tema, no estilo que quiserem, para o livro ou para uma das personagens do livro. A música será apenas vocal; contudo, se os alunos manifestarem desejo, poderão incluir instrumentos, que serão, então, construídos por eles mesmos em sala. Sugira que se inspirem em trechos da história. A música-tema pode ser incluída nas dramatizações e, por conseguinte, aparecer nos filmes produzidos. Amplie o desafio e proponha-lhes compor uma sonoplastia para a história, isto é, a produzir sons que eventualmente a história relate (batidas, gritos, cochichos, ruídos de passos, cantos de pássaros, galhos se quebrando etc.), sempre usando material sustentável.

Cinquenta e seis: Criem passatempos para a festa

Caminhais em direção da solidão. Eu, não, eu tenho os livros.
Marguerite Duras

- Objetivo: explorar o conteúdo das histórias, utilizando recursos criativos diversos.

- Ingredientes: obras adotadas, materiais sustentáveis variados.
- Como fazer:
Tendo eles já uma boa intimidade com a história, proponha a construção coletiva de maquetes dos cenários da narrativa e as utilize em atividades cênicas.

Em outros momentos, construa com eles jogos de memória e quebra-cabeças, usando materiais sustentáveis, como tampinhas de garrafas *pet*, de latas ou de vidros de conservas, pedacinhos de tábuas etc., inspirando-se nas ilustrações do livro.

Cinquenta e sete: Produzam os convites da festa

> *Apenas deveríamos ler os livros que nos picam e que nos mordem. Se o livro que lemos não nos desperta como um murro no crânio, para que o ler?*
> Franz Kafka

- Objetivo: produzir os convites da festa.
- Ingredientes: obras adotadas, materiais sustentáveis diversos.
- Como fazer:
O grande dia do banquete se aproxima! Organize com os alunos a confecção criativa dos convites para essa inesquecível ocasião! Inspirando-se no livro, e em suas ilustrações, produza com eles os convites que serão enviados às famílias, a outras escolas e à administração central da educação de sua cidade ou região. Na onda da sustentabilidade, usem materiais alternativos. Desafie os alunos a colocar em prática o que foi exercitado ao longo de toda a oficina de preparo e degustação de textos, desde a etapa de sensibilização até o momento presente, em termos de técnicas de produção de textos e estilos.

Cinquenta e oito: Criem os figurinos e os acessórios da festa

> *Ler um livro é para o bom leitor conhecer a pessoa e o modo de pensar de alguém que lhe é estranho. É procurar compreendê-lo e, sempre que possível, fazer dele um amigo.*
> Hermann Hesse

- Objetivo: produzir o suporte cênico para as histórias.
- Ingredientes: obras adotadas, materiais sustentáveis diversos.
- Como fazer:
Em momento oportuno, organize com os alunos a confecção criativa dos figurinos e dos acessórios complementares aos vestuários ou decorativos dos cenários que usarão nas representações das releituras, no grande dia do banquete. Essa solução inovadora possibilitará a inclusão, na atividade, das aprendizagens do percurso – textos, imagens, releituras, transgressões... –, e, o mais importante, a legitimidade do processo e do produto da saborosa aventura do texto e da leitura!

Cinquenta e nove: Revisem o preparo do menu da leitura

> *O processo de leitura possibilita essa operação maravilhosa que é o encontro do que está dentro do livro com o que está guardado na nossa cabeça.*
> Ruth Rocha

- Objetivo: revisar o ponto de partida do projeto.
- Ingredientes: obras adotadas.

- Como fazer:
Antes do grande dia do banquete, refaça o exercício da abordagem inicial: a tempestade de ideias partindo das mesmas questões do começo. Para que a gente aprende a ler? O que significa o livro para vocês? O que vocês sentem quando leem um livro ou ouvem uma história tirada de um livro? O que gostariam de saber sobre livro ou sobre leitura? Espera-se que, em suas falas, os alunos revelem a apropriação desses saberes e, mais ainda, que transcendam ao indagado, elaborando novas questões complementares às primeiras.

....

Sessenta: Celebrem o grande banquete

Cresci no meio de livros, fazendo amigos invisíveis em páginas que se desfaziam em pó cujo cheiro ainda conservo nas mãos.
Carlos Ruiz Zafón

- Objetivo: celebrar a grande festa gastronômica da leitura.
- Ingredientes: obras adotadas, cardápio produzido com materiais sustentáveis diversos, produções dos alunos ao longo da duração do projeto.
- Como fazer:
Banquete é sinônimo de refeição festiva e farta; por ele desfilam entradas, pratos principais e sobremesas. Nesse grande banquete, os anfitriões serão os seus alunos. Todas as turmas apresentarão aos colegas e à comunidade os pratos de suas produções.
Sugiro que a coordenação do projeto elabore um cardápio que represente uma amostra do que os alunos fizeram. Apenas atente para que essa amostra não seja muito extensa, tornando-se, assim, enfadonha. Tente viabilizar a participação do(s) autor(es)

na programação, conversando com os alunos, contando histórias e autografando seus livros. Não se esqueça de enviar o cardápio para as famílias, com os elegantes convites para a festa, confeccionados pelos estudantes. Lembre-os de levar seus livros nesse dia! Prepare essa festa com capricho; utilize todos os espaços da escola que tiverem maior visibilidade para as exposições das produções visuais; reserve um local privilegiado para as apresentações cênicas e musicais dos alunos e para a participação do(s) autor(es). Prepare-se para as emoções que virão e orgulhe-se de ter contribuído para a construção de um mundo muito melhor, aproximando crianças, jovens e família do deleitoso mundo mágico da leitura de livros! Orgulhe-se de ter ajudado a construir uma experiência definitivamente transformadora na vida desses pequenos grandes cidadãos!

Como avaliar o preparo e a degustação

A avaliação é uma tarefa essencial tanto ao projeto de preparo dos textos quanto ao projeto de sua fruição. O preparo de textos requer uma avaliação compartilhada entre você e os alunos. O projeto de degustação deve ser ajuizado sempre associando dois momentos: o de sua análise pessoal e o de análise coletiva, em nível de escola. As avaliações, nos dois projetos, precisam focar os objetivos definidos e requerem uma concepção formativa, contínua, sistemática, diagnóstica, que lhe permita acompanhar o desenvolvimento das aprendizagens de seus alunos.

Na sua avaliação pessoal, apoie-se nas observações e nos registros das atividades que fez, com atenção especial ao envolvimento dos estudantes, às mudanças qualitativas de suas atitudes e a seus posicionamentos nos momentos das produções coletivas. Mas lembre-se de que tais observações não poderão ser passivas. Acompanhe, intervenha, oriente, a fim de favorecer a abertura de oportunidades de aprendizagens. No projeto de fruição, fique atento a aspectos levantados pelos alunos, na tempestade inicial de ideias, dos quais perceba que eles ainda não se apropriaram e dê mais atenção a estes. Especial atenção também deve ser dada ao grau de enriquecimento de seus saberes revelados na segunda tempestade de ideias. Ainda no projeto, na avaliação coletiva, a coordenação deve reunir-se com o coletivo da escola para cruzar as várias avaliações pessoais e discutir, sobretudo, três pontos: as potencialidades, as fragilidades encontradas e as propostas de soluções para os eventos futuros.

Então, viva esse momento com seus alunos com paixão e entrega; celebre, com eles e com a comunidade, esta prazerosa oficina de preparo e degustação de textos! Aproveite cada minuto, guarde as melhores lembranças e prepare-se para vivê-la outras tantas vezes!

Referências bibliográficas

ANDERSEN, Hans Christian (1985). *Contos escolhidos*. Rio de Janeiro: Globo.

ANDRADE, Mário de (2002). "Contos e contistas". *In*: ANDRADE, Mário de. *O empalhador de passarinhos*. Belo Horizonte: Itatiaia.

BAKHTIN, Mikhail (1997). *Estética da criação verbal*. São Paulo: Martins Fontes.

BARROS, José D'Assunção (2017). *Teoria da história, v. III: Os paradigmas revolucionários*. Petrópolis: Vozes.

BÍBLIA SAGRADA (1982). "Novo testamento: Evangelho segundo são João". São Paulo: Ave Maria.

BRAIT, Beth (1985). *A personagem*. São Paulo: Ática.

CORTÁZAR, Julio (1967). *La vuelta al día en ochenta mundos*, v. 2. Cidade do México: Siglo Veintiuno.

CORTESÃO, Jaime (1967). *A carta de Pero Vaz de Caminha*. Lisboa: Portugália.

COUTO, Mia (2003). *O fio das missangas*. São Paulo: Companhia das Letras.

DUARTE, Newton (1996). "A escola de Vigotski e a educação escolar: Algumas hipóteses para uma leitura pedagógica da psicologia histórico-cultural". *Revista Psicologia USP*, v. 7, n. 1-2. São Paulo: USP, pp. 17-50.

FERNANDES, Millôr (1972). *Trinta anos de mim mesmo*. Rio de Janeiro: Nórdica.

FERREIRA, Aurélio Buarque de Holanda (1999). *Novo Aurélio século XXI: O dicionário da língua portuguesa*. Rio de Janeiro: Nova Fronteira.

FISCHER, Ernst (1983). *A necessidade da arte*. Rio de Janeiro: Zahar.

FREIRE, Paulo (1989). *A importância do ato de ler em três artigos que se completam*. 23ª ed. São Paulo: Cortez; Campinas: Autores Associados. (Polêmicas do Nosso Tempo, v. 4)

GASPARIN, João Luiz (2012). *Uma didática para a pedagogia histórico-crítica*. Campinas: Autores Associados.

GOTLIB, Nádia Batella (1985). *Teoria do conto*. São Paulo: Ática.

GRIMM, Jacob e GRIMM, Wilhelm (1985). *Contos escolhidos*. Rio de Janeiro: Globo.

JOYCE, James (1993). *Ulisses*. Rio de Janeiro: Civilização Brasileira.

LURIA, Alexander Romanovich (1986). *Pensamento e linguagem: As últimas conferências de Luria*. Porto Alegre: Artes Médicas.

_____ (2001). "O desenvolvimento da escrita na criança". In: VYGOTSKY, Lev Semenovich; LURIA, Alexander Romanovich e LEONTIEV, Alexei Nikolaevich. *Linguagem, desenvolvimento e aprendizagem*. São Paulo: Ícone.

MELLO, Suely Amaral e BISSOLI, Michelle de Freitas (2015). "Pressupostos da teoria histórico-cultural para a apropriação da cultura escrita pela criança". *Perspectiva*, v. 33, n. 1, jan.-abr. Florianópolis, pp. 135-160.

MIRANDA, Simão de (1996). *O amor é um mar revolto*. Brasília: Valci.

_____ (2013). *Mínimo múltiplo incomum: Microficção*. Guaratinguetá: Penalux.

_____ (2015). *Vida: Manual do usuário*. Guaratinguetá: Penalux.

OLIVEIRA, Marta Kohl de (1997). *Vygotsky: Aprendizado e desenvolvimento – Um processo sócio-histórico*. São Paulo: Scipione.

PAPINI, Giovanni (1947). *Cartas aos homens do papa Celestino*. Lisboa: Quadrante.

POE, Edgar Allan (1993). "Máscara da morte escarlate". *In*: POE, Edgar Allan. *O escaravelho de ouro e outras histórias*. São Paulo: Ática.

QUINTANA, Mario (1994). *Agenda poética*. São Paulo: Globo.

RAMOS, Ricardo (1978). *Circuito fechado*. Rio de Janeiro: Record.

ROJO, Roxane (2009). *Letramentos múltiplos, escola e inclusão social*. São Paulo: Parábola.

ROJO, Roxane e MOURA, Eduardo (2012). *Multiletramentos na escola*. São Paulo: Parábola.

SANT'ANNA, Afonso Romano de (1985). *A catedral de Colônia e outros poemas*. Rio de Janeiro: Rocco.

SAVIANI, Dermeval (2011). *Pedagogia histórico-crítica*. Campinas: Autores Associados.

SOARES, Magda (1998). *Letramento: Um tema em três gêneros*. Belo Horizonte: Autêntica.

_____ (2013). *Alfabetização e letramento*. São Paulo: Contexto.

VASCONCELLOS, Celso dos S. (1992). "Metodologia dialética em sala de aula". *Revista de Educação AEC*, n. 83, abr. Brasília.

VYGOTSKY, Lev Semenovich (2009). *A construção do pensamento e da linguagem*. São Paulo: Martins Fontes.

Especificações técnicas

Fonte: Sabon 11 p / MrsEaves 11p
Entrelinha: 16 p / 14 p
Papel (miolo): Off-white 75 g
Papel (capa): Cartão 250 g
Impressão e acabamento: Paym